NA CASA DOS SONHOS

CARMEN MARIA MACHADO

# Na Casa dos Sonhos
*Memórias*

*Tradução*
Ana Guadalupe

Copyright © 2019 by Carmen Maria Machado

*Grafia atualizada segundo o Acordo Ortográfico da Língua Portuguesa de 1990, que entrou em vigor no Brasil em 2009.*

*Título original*
In the Dream House: A Memoir

*Capa*
Elisa von Randow

*Ilustração de capa*
Noa Snir

*Preparação*
Silvia Massimini Felix

*Revisão*
Adriana Moreira Pedro
Adriana Bairrada

Dados Internacionais de Catalogação na Publicação (CIP)
(Câmara Brasileira do Livro, SP, Brasil)

> Machado, Carmen Maria
>   Na Casa dos Sonhos : Memórias / Carmen Maria Machado ; tradução Ana Guadalupe. — 1ª ed. — São Paulo : Companhia das Letras, 2021.
>
>   Título original: In the Dream House : A memoir
>   ISBN 978-65-5921-054-1
>
>   1. Abuso sexual – Lésbicas – Estados Unidos – Autobiografia 2. Escritoras americanas – Século 21 – Autobiografia 3. Lésbicas – Estados Unidos – Autobiografia 4. Machado, Carmen Maria I. Título.
>
> 21-59098                                         CDD-813.6

Índice para catálogo sistemático:
1. Escritoras americanas : Autobiografia : Literatura norte-americana   813.6

Cibele Maria Dias – Bibliotecária – CRB-8/9427

[2021]
Todos os direitos desta edição reservados à
EDITORA SCHWARCZ S.A.
Rua Bandeira Paulista, 702, cj. 32
04532-002 — São Paulo — SP
Telefone: (11) 3707-3500
www.companhiadasletras.com.br
www.blogdacompanhia.com.br
facebook.com/companhiadasletras
instagram.com/companhiadasletras
twitter.com/cialetras

*Se você precisa deste livro,
ele é pra você.*

*Empilhamos associações como empilhamos tijolos. A memória em si mesma é uma forma de arquitetura.*
                                        Louise Bourgeois

*Se você fizer silêncio sobre sua dor, eles vão te matar e ainda dizer que você gostou.*

Zora Neale Hurston

*Sua mente está muito cansada. Sua mente está tão cansada que não funciona mais. Você não pensa. Você sonha. Sonha o dia inteiro. Sonha tudo. Sonha de forma perversa e incessante. Você já não sabe disso?*

Patrick Hamilton, *Angel Street*

# *Casa dos Sonhos como* abertura

Nunca leio prólogos. Acho muito chatos. Se o assunto é tão importante, por que relegar ao paratexto? O que a pessoa que escreveu o livro está tentando esconder?

# *Casa dos Sonhos como* prólogo

Em seu ensaio "Venus in Two Acts" [Vênus em dois atos], que trata da escassez de relatos africanos contemporâneos da escravidão, Saidiya Hartman fala sobre a "violência do arquivo". Esse conceito — também chamado de "silêncio do arquivo" — expressa uma das verdades mais complexas da humanidade: às vezes uma história é destruída, às vezes ela sequer chega a ser dita; seja como for, nossa história coletiva sofre a perda irreversível de algo grandioso.

A palavra "arquivo", como Jacques Derrida nos diz, vem do grego antigo ἀρχεῖον: *arkheion*, "a casa dos arcontes", ou seja, daqueles que comandavam. Quando descobri essa etimologia, o uso da palavra "casa" me chamou a atenção (apaixonada por histórias de casas mal-assombradas, tenho uma queda por metáforas com elementos da arquitetura), mas é o poder, a autoridade, seu componente mais significativo. Decidir o que entra ou fica de fora do arquivo é um ato político, ditado pela arquivista e pelo contexto político no qual ela vive. Isso vale tanto para uma mãe ou um pai que decide quais partes da primeira infância do filho deve fotografar quanto para um continente que acerta as contas com seu passado em público — como a Europa com suas *Stolpersteine*, suas "pedras de tropeço" que relembram as vítimas do holocausto. *Foi aqui que o Sebastian deu os primeiros passos com aquele pé gordinho de bebê; essa é a casa em que a Judith morava quando a levamos para a morte.*

Às vezes, a prova nunca chega a ser adicionada ao arquivo — não é considerada digna de um registro, ou, quando é, pode não ser considerada digna de ser preservada. Às vezes há um ato deliberado de destruição, como as cartas mais explícitas que Eleanor Roosevelt e Lorena Hickok trocaram, queimadas por Hickok por ser indiscretas — provavelmente eróticas e gays até o talo, ainda mais quando se leva em conta o que não foi destruído. ("Estou salivando de vontade de te ver.")*

O falecido teórico queer José Esteban Muñoz apontou que "a condição queer tem uma relação especialmente problemática com provas. [...] Quando o(a) historiador(a) da experiência queer tenta documentar um passado queer, muitas vezes há a figura de um guardião, e este simboliza um presente heterossexual". O que fica para trás? Lacunas em que as pessoas nunca se veem nem encontram informações sobre si mesmas. Buracos que impedem que alguém encontre um contexto para si. Fendas nas quais as pessoas caem. Silêncio impenetrável.

O arquivo completo é mitológico, possível apenas em teoria; talvez esteja em algum lugar da Biblioteca de Babel de Jorge Luis Borges, escondido debaixo da história detalhada do futuro e de seus sonhos e entressonhos da alvorada de 14 de agosto de 1934. Mas podemos tentar. "Como alguém pode contar histórias impossíveis?", pergunta Hartman, e sugere muitos caminhos: "elaborando uma série de argumentos especulativos", "explorando todo

---

* Eleanor Roosevelt para Lorena Hickok, 17 nov. 1933.

o potencial do subjuntivo (um modo verbal que expressa dúvidas, desejos e possibilidades)", escrevendo a história "com e contra o arquivo", "imaginando o que não pode ser comprovado".

A mulher vítima de abuso sem dúvida existe desde que os seres humanos se mostraram capazes de manipulação psicológica e violência interpessoal, mas, como conceito amplamente difundido, não existia até cerca de cinquenta anos atrás. O debate sobre a violência doméstica dentro das comunidades queer é ainda mais recente, e ainda mais velado. Quando pensamos nas formas que a violência íntima assume hoje, cada novo conceito — a vítima do sexo masculino, a mulher abusadora, as pessoas que abusam de um indivíduo queer e o indivíduo queer que sofre abuso — se revela como mais um fantasma que sempre esteve entre nós, assombrando a casa dos arcontes. Escritores(as) e pensadores(as) acadêmicos(as) modernos(as) têm novas ferramentas para voltar a sondar os arquivos, da mesma forma que historiadores(as) e estudiosos(as) fizeram com que sua compreensão da sexualidade queer contemporânea reverberasse pelo passado. Pensem: qual é a topografia desses buracos? Onde vivem as lacunas? Como nos aproximamos da completude? Como levamos dignidade às pessoas que foram tratadas de forma indigna no passado, se não temos provas concretas de seu sofrimento? Como tornamos nosso processo de registro mais justo?

Um livro de memórias é, em sua essência, um ato de ressurreição. Quem escreve as próprias memórias recria o passado, reconstrói diálogos. Conjura o significado de acontecimentos há muito adormecidos. Trança os fios da memória, do ensaio, dos fatos e das percepções e os molda numa coisa só. Quem escreve uma memória manipula o tempo; ressuscita os mortos. Dá a si, e aos outros, um contexto necessário.

Venho registrar no arquivo que o abuso doméstico entre casais que compartilham da mesma identidade de gênero é tanto possível quanto relativamente comum, e que pode acontecer mais ou menos assim. Falo em direção ao silêncio. Jogo a pedra de minha história numa fenda imensa, e meço o espaço vazio pelo som mínimo.

# I

*De novo me tortura e quebra os membros, Eros, doce-amarga indomável serpente.*

Safo\*

---

\* Tradução para o português de Eugénio de Andrade. No original, a tradução é de Anne Carson: "*Eros the melter of limbs (now again) stirs me/ sweetbitter unmanageable creature who steals in*". (N. T.)

# *Casa dos Sonhos como* não metáfora

Suponho que você já tenha ouvido falar da Casa dos Sonhos, não é mesmo? Ela é, como você sabe, um lugar real. Ela para em pé. Fica perto de uma floresta e faz fronteira com um pasto. Tem uma fundação, embora os boatos de que há corpos enterrados lá dentro sejam — o que é muito provável — ficção. Antes havia um balanço que pendia de um galho de árvore, mas agora é só uma corda, com um único nó que balança com o vento. Você talvez tenha ouvido histórias sobre o senhorio, mas garanto que não são verdadeiras. Afinal o senhorio não é um homem, e sim uma universidade inteira. Uma cidadezinha de senhorios! Já imaginou?

A maioria dos seus palpites está correta: ela tem pisos, paredes, janelas e um telhado. Se você imagina que há dois quartos, você errou e acertou. Quem pode dizer que são só dois quartos? Todo cômodo pode ser um quarto: você só precisa de uma cama, ou nem isso. Você só precisa dormir lá dentro. Quem habita um espaço lhe confere seu propósito. Nossas ações têm mais vigor do que as intenções de qualquer arquiteto.

Estou tocando nesse assunto porque é importante lembrar

que a Casa dos Sonhos é real. É tão real quanto o livro que você tem nas mãos, e bem menos assustadora. Se eu quisesse, poderia te dar o endereço para que você fosse até lá com seu carro e se sentasse na frente daquela Casa dos Sonhos, tentando imaginar as coisas que aconteceram lá dentro. Não recomendo. Mas você poderia. Ninguém te impediria.

# *Casa dos Sonhos como* obra picaresca

Antes de conhecer a mulher da Casa dos Sonhos, eu morava num apartamento de dois quartos em Iowa City. A casa era um caos: o proprietário era um trambiqueiro, ela estava caindo aos pedaços, e era cheia de detalhes ecléticos e perturbadores. Havia um quarto no porão — meus colegas de casa e eu o chamávamos de quarto do assassinato — com o piso, as paredes e o teto pintados de vermelho-sangue, que ainda tinha sido incrementado com um alçapão secreto e um telefone fixo que não funcionava. Em outra parte do porão, um sistema de aquecimento ligeiramente lovecraftiano estendia longos tentáculos que subiam pelo resto da casa. Quando a umidade aumentava, o batente da porta da frente ficava estufado e teimava em não abrir, como um olho roxo. No quintal, enorme, havia uma lareira externa de chão, e ele era ladeado por trepadeiras, árvores e uma cerca em processo de apodrecimento.

Eu morava com John, Laura e o gato deles, Tokyo. Eram um casal; ambos tinham pernas compridas e pele pálida, eram da Flórida, tinham estudado juntos numa faculdade hippie e se mudado para Iowa, onde cursavam suas respectivas pós-graduações. Eram a personificação da afetação e da excentricidade da Flórida, e no fim das contas se tornariam, depois da Casa dos Sonhos, meu único motivo para não odiar o estado.

Laura parecia uma beldade de cinema mudo: tinha olhos enormes e um ar etéreo. Era sarcástica e debochada, dona de um humor cáustico; escrevia poesia e estava se especializando em biblioteconomia. Ela tinha uma vibe de bibliotecária, de sábia condutora do conhecimento coletivo, como se pudesse te levar aonde quer que você precisasse chegar. John, por outro lado, parecia uma mistura de roqueiro grunge com professor doidinho que tinha encontrado Jesus. Ele fazia *kimchi* e chucrute em vidros de conserva imensos que estocava no balcão da cozinha e dos quais cuidava feito um botânico maluco; uma vez passou uma hora me explicando o enredo de *Às avessas* numa profusão de detalhes, sem deixar de mencionar seu trecho preferido, no qual o excêntrico e vil anti-herói incrusta pedras exóticas no casco de uma tartaruga e a pobre criatura, "incapaz de sustentar o luxo exuberante que lhe foi imposto", não resiste ao peso e morre. Da primeira vez que vi John, ele me perguntou: "Tenho uma tatuagem, quer ver?", e eu respondi: "Quero". Ele disse: "Tá, vai parecer que eu vou te mostrar meu pinto, mas não vou, juro", e quando ergueu a barra do short até a coxa, revelou uma tatuagem artesanal de uma igreja de ponta-cabeça. "É uma igreja de ponta-cabeça?", eu perguntei, então ele sorriu e tremelicou as sobrancelhas — não de um jeito libidinoso, e sim com um ar serelepe —, e disse: "De ponta-cabeça *segundo quem*?". Uma vez, quando Laura saiu do quarto deles vestindo um short rasgado e a parte de cima de um biquíni, John olhou para ela com um amor simples e verdadeiro e disse: "Moça, vou cavar um buraco e encher de água pra você nadar".

Como uma pícara, passei minha vida adulta pulando de cidade em cidade, encontrando almas amigas em cada parada; um grupo de guardiãs e guardiões que já cuidaram de mim muitas vezes (cuidada pelos guardiões, querida pelos guardiões). Minha amiga Amanda, da faculdade, com quem dividi o quarto e a casa até os 22 anos, e que, com sua mente afiada e lógica, suas reações emocionais embotadas e seu humor cortante, testemunhou minha evolução de adolescente complicada para semiadulta complicada. Anne — que era jogadora de rúgbi e pintava o cabelo de rosa, a primeira vegetariana e a primeira lésbica que conheci na vida —, que supervisionou minha saída do armário como uma deusa gay muito bondosa. Leslie, que me ajudou a enfrentar meu primeiro término difícil com queijo brie e vinhos de dois dólares e momentos com seus bichos de estimação, inclusive uma pit bull marrom e parruda chamada Molly, que lambia meu rosto até me causar um surto histérico. Todos que liam e comentavam no meu LiveJournal, no qual postei com muita disciplina dos quinze aos 25 anos, virando minha alma do avesso diante de uma turminha improvável de poetas, gente queer esquisitona e entusiastas da programação, do RPG e das fanfics.

John e Laura eram assim. Estavam sempre por perto, nutrindo entre si uma intimidade e outra intimidade comigo, como se eu fosse uma irmã muito querida. Não era que tomassem conta de mim, exatamente; eles eram protagonistas da própria história.

Mas e essa história aqui? Essa é só minha.

# *Casa dos Sonhos como* máquina de movimento perpétuo

Havia uma brincadeira que eu fazia na aula de educação física aos oito anos, quando me mandavam para o campo externo durante o treino de beisebol. Eu ficava tão longe do resto da turma que as bolas que meus colegas arremessavam nunca seriam capazes de me atingir, e nossa professora de educação física parecia não perceber que eu estava sentada de pernas abertas na grama crescida.

A professora, sra. Lily, era baixinha e corpulenta, usava o cabelo curto e batido na nuca, e um dos meninos da sala a chamava de lésbica. Eu não fazia a mínima ideia do que isso significava; não sei se ele próprio fazia. Era o ano de 1994. A sra. Lily usava calças esportivas largas com estampas abstratas de formas verde-limão e roxas que faziam os olhos arderem. (Quando ouvi a história de José e sua túnica de muitas cores na catequese, só consegui pensar na roupa da sra. Lily.) O tecido sintético farfalhava quando ela andava; era impossível não ouvir quando ela se aproximava. Tenho uma memória muito viva dela tentando nos explicar o conceito de espaço corporal — ela traçou uma linha que ia até o centro do próprio corpo, começando pelo topo da cabeça. Quando chegou à virilha, as crianças deram risadinhas. Dali, ela nos mostrou qual era nosso lado esquerdo e nosso lado direito, e como mexer cada um deles de forma independente, e depois em conjunto. Ela girou os braços como se fosse um brinquedo de parque de diversões.

*Preparo físico!*, ela dizia, encostando a mão direita no pé esquerdo, depois a mão esquerda no pé direito. *Vocês só têm um corpo! É bom cuidarem dele!* Talvez ela fosse lésbica *mesmo*.

Sentada na grama durante aqueles jogos de beisebol, eu arrancava todas as ervas daninhas que estivessem ao meu alcance e minhas mãos ficavam cheirando a terra e cebola silvestre. Eu quebrava as hastes dos dentes-de-leão e ficava maravilhada com o leite branco e pegajoso que soltavam. A brincadeira é assim: você pega o dente-de-leão e esfrega bem forte debaixo do queixo — no meu caso, logo acima da cicatriz branca e estreita que ganhei ao cair da banheira quando bebê —, tão forte que as florezinhas começam a se desintegrar. Se seu queixo fica amarelo, quer dizer que você está gostando de alguém.

Aos oito anos, eu era um varapau e muito ansiosa. Vivia tensa demais para me perder em devaneios, mas ficar sentada na grama me trazia uma coisa que parecia paz. Toda aula eu pegava aquela cabeça decepada do dente-de-leão e mandava ver no meu queixo até ela virar uma bola quente e úmida, feito uma flor que ainda não tinha desabrochado.

A pegadinha, ou talvez seja a *punch line* dessa piada, é que o amarelo sempre acaba saindo na pele. O dente-de-leão cede toda vez. Ele não tem ardis, nem segredos, nem instinto de sobrevivência. E acontece que, apesar de sermos crianças, entendemos algo que não somos capazes de articular: o diagnóstico nunca muda. Sempre vamos salivar, sempre vamos querer. Nosso corpo e nossa mente sempre vão desejar profundamente alguma coisa, mesmo quando não nos damos conta disso.

E assim como a destruição do dente-de-leão diz muito sobre nós, o mesmo vale para a nossa própria destruição: nossos corpos são ecossistemas, se desfazem, se substituem e se recuperam até morrermos. E quando morremos, nossos corpos alimentam a fome da terra, e nossas células se tornam parte de outras células, e no mundo dos vivos, onde antes estávamos, as pessoas se beijam, dão as mãos e se apaixonam, trepam, riem, choram e se magoam, embalam corações partidos, travam guerras, tiram crianças que ainda estão dormindo de dentro do carro e gritam umas com as outras. Se fosse possível canalizar essa energia — essa fome constante, errante —, poderíamos fazer maravilhas com ela. Conseguiríamos empurrar a Terra pelo cosmos, um centímetro por vez, até ela colidir de coração aberto com o Sol.

# *Casa dos Sonhos como* exercício de foco narrativo

Você nem sempre foi só um Você. Eu era completa — uma relação simbiótica entre minhas melhores e piores partes —, e depois, numa das acepções da palavra, me vi rachada: um talho certeiro que separou a primeira pessoa — aquela mulher segura e confiante, a menina detetive, a aventureira — da segunda, que vivia ansiosa, trêmula como uma raça de cachorro de porte pequeno demais.

Eu fui embora, e depois vivi: me mudei para a Costa Leste, escrevi um livro, fui morar com uma mulher linda, me casei, vivi num apartamento cheio de luz natural, pensei seriamente em ter um cachorro. Aprendi coisas: a fazer Manhattans, a usar a água do cozimento do macarrão para inventar molhos e a desenhar, pelo menos um pouco.

Mas você... Você arranjou um emprego como avaliadora de exames padronizados. Passou um ano dirigindo sete horas até Indiana uma semana sim, uma semana não. Praticamente só produziu coisas ruins durante a segunda metade do seu mestrado em Belas-Artes. Chorou na frente de muita gente. Perdeu eventos literários, festas, a superlua. Tentou contar sua história para pessoas que não sabiam escutar. Fez papel de trouxa, e não foi só uma vez.

Pensei que você tinha morrido, mas, enquanto escrevo isto aqui, não sei se morreu mesmo.

# *Casa dos Sonhos como* evento catalisador

Você a conhece certa noite no meio da semana, jantando com uma amiga em comum numa lanchonete em Iowa City em que as paredes são janelas. Ela está suada porque acabou de sair da academia, e o cabelo loiro platinado está preso num rabo de cavalo curto. Tem um sorriso maravilhoso e uma voz rouca que parece um carrinho de mão passando por um chão de pedra. Ela é aquela mistura de *butch* e *femme* que te deixa maluca.

Você e sua amiga estão falando de programas de TV quando ela chega; você estava reclamando que tudo é história de homem, sempre história de homem em tudo quanto é lugar. Ela ri e concorda. Ela te conta que acabou de se mudar de Nova York para cá, que está recebendo seguro-desemprego e tentando entrar em algum programa de mestrado em Belas-Artes. Ela também escreve.

Toda vez que ela fala, você sente alguma coisa revirar por dentro. Desse jantar você se lembrará de quase nada, além do fato de que, no final, você quer fazer a noite durar mais e por isso pede chá, logo chá. Você bebe — uma bocada de líquido quente e ervas que queima o céu da boca — tentando não olhar demais pra dela, tentando ser interessante e blasé à medida que o desejo vai se acumulando nos seus membros. As mulheres por quem você havia se interessado antes sempre passavam por você, inalcançáveis, mas ela encosta no seu braço e te olha no olho e você se sente uma criança comprando pela primeira vez alguma coisa com o próprio dinheiro.

# *Casa dos sonhos como* palácio da memória

Vindo da rua, eis a casa. Há uma porta principal, mas você nunca entra pela porta principal.

Eis o que margeia o caminho de entrada: todos os meninos que gostaram de você quando era menina. Colin, o filho do dentista, que lhe disse com uma voz meiga que seu vestido era lindo. Você olhou para baixo para ver se era mesmo, depois foi saltitando contente para longe dele. (Já era uma diva naquela época! Sua mãe contou essa história; você era tão criança que não consegue se lembrar sozinha.) Seth, que no sexto ano comprou para você o livro novo da série Animorphs — aquele em que Cassie aparece na capa transfigurada em borboleta — e fez a mãe dele levá-lo de carro até sua casa para entregar o presente. Adam, seu amigo querido que trabalhava no cinema da cidade e levava para casa sacos de lixo cheios de pipoca amanhecida para vocês dois verem filmes que seus pais nunca te deixariam assistir: *Amnésia*, *Dançando no escuro*, *Pulp Fiction*, *E sua mãe também* e *Cidade dos sonhos*. Adam gravou tantos CDs para você. Alguns eram bizarros demais para o seu gosto. Havia uma banda que só destruía os instrumentos na frente de um microfone, e você revirou os olhos e disse: "Que besteira". Mas aí a mãe de Adam levou vocês dois para a Filadélfia em janeiro para ver um show do Goodspeed You! Black Emperor. O show atrasou e vocês se embolaram, dividindo um casaco de moletom. A música era labiríntica, caleidoscópica, bonita de um jeito difícil de descrever. Você não sabia nem começar a falar daquela mistura de áudio e som, da forma como toda aquela sinfonia te atravessava e fazia cada parte do seu corpo vibrar. Certa vez Adam escreveu um conto sobre você, e depois uma música, quando você foi embora para fazer faculdade. Você não sabia o que fazer com o amor de Adam, com aquele afeto contínuo que não exigia nada em troca. Depois Tracey, que tinha um irmão gêmeo, Timmy. Que eram mórmons e meigos, e você queria ficar com Timmy, mas Tracey queria ficar com você. Uma vez você encomendou um *O Livro de Mórmon* gratuito na internet e acabou se embrenhando numa conversa de duas horas com um cara novinho — ele parecia tão bonito pela voz — que ligou de Salt Lake City para sondar seu interesse pela religião deles. Você não podia dizer "encomendei o livro porque me apaixonei por metade de uma dupla de gêmeos mórmons e a outra metade se apaixonou por mim". Então, em vez disso, você ficou tagarelando sobre teologia por duas horas, e depois desligou o telefone sentindo remorso. Enfim, esses meninos. Você desconfiava do sentimento deles porque não tinha nenhum motivo para se amar — nem seu corpo, nem seu intelecto. Você rejeitou tanta delicadeza. O que você estava procurando?

O quintal dos fundos: a faculdade. Tantas paixões não correspondidas e — quando enfim aconteceram — transas horríveis. Uma vez você cruzou quatro estados de carro no inverno congelante para transar com um cara que morava no norte do estado de Nova York. A transa foi ruim, claro, mas sua lembrança mais nítida é o que você *esperava* daquela noite. Você esperava aquele tesão-que-faz-a-pessoa-cruzar-quatro-estados. Você esperava que alguém perdesse a cabeça por você. Como você ia conseguir isso? Você passou a noite toda acordada, olhando para os postes de luz do estacionamento pela janela do quarto dele. Por que homem nunca tinha cortina? Como é que faz pra quem você quer querer você? Por que ninguém te amava?

A cozinha: OkCupid, Craigslist. Morar na Califórnia e tentar sair com mulheres, mas não conseguir porque as lésbicas da Bay Area mostravam certo corpo mole ao saber daquele papo de ser bissexual. Então lá veio a fanfarra de homens: homens queridos, homens horríveis, homens mais velhos. Homens que trabalhavam e homens que estudavam. Um astrofísico, vários programadores. Um cara que tinha um barco na marina de Berkeley. Depois, se mudar para Iowa e ir a um encontro ruim atrás do outro, um deles inclusive com um cara que depois você vivia encontrando na sala de espera do consultório da sua psicóloga. Ele tocava piano. Estudante de medicina, talvez? Você mal consegue se lembrar.

A sala, o escritório, o banheiro: namorados, ou quase isso. Casey, Paul e Al. Casey foi o pior. Al foi o mais legal. Paul era de cair o queixo, tamanha perfeição; ele te comia e te alimentava, e tentava te ensinar a gostar da Califórnia. Era tudo o que você sempre quis. E era tão lindo. Você adorava a bunda dele, coberta de pelinhos, a barba surpreendentemente macia, a força dos braços. Você queria se enfiar dentro dele e deixá-lo entrar em você. Ele te fazia se sentir especial, sensual, inteligente. Ele terminou com você porque não te amava, um ótimo motivo para terminar com alguém, embora naquele momento você tenha sentido vontade de morrer.

O quarto: não entre lá.

# *Casa dos Sonhos como* viagem no tempo

Uma das perguntas que a assombrou: se soubesse, você seria mais burra ou mais esperta? Se, um dia, um portal turvo tivesse se aberto no seu quarto e uma versão anterior sua tivesse saído de lá e contado o que você sabe agora, você teria ouvido? Você prefere acreditar que sim, mas é provável que seja mentira; você não ouviu nenhuma das suas amigas mais espertas e mais sábias que admitiram estar preocupadas com você, então por que cargas d'água ouviria uma versão de si mesma que saiu de um orifício no tempo quebrando tudo, que nem uma recém-nascida?

Há uma teoria sobre a viagem no tempo chamada princípio de autoconsistência de Novikov, na qual Novikov afirma que, se a viagem no tempo *fosse* possível, ainda assim seria impossível voltar no tempo e alterar coisas que já tivessem ocorrido. Se sua versão do presente pudesse voltar ao passado, você sem dúvida poderia chegar a reflexões que despertassem uma *sensação* de novidade — reflexões que se valeriam da vantagem do retrospecto em tempo real —, mas não poderia, digamos, impedir seus pais de se conhecerem, já que isso, por definição, já teria acontecido. Fazer isso, segundo Novikov, seria tão impossível quanto atravessar uma parede de tijolos. O tempo — a trama do tempo — é invariável.

Não, a pessoa que se torna a viajante do tempo de Novikov é a trágica tola que descobre tarde demais que sua viagem ao passado foi justamente o que confirmou o destino que ela pretendia impedir. Talvez você tenha confundido sua voz do futuro, que gritava através das paredes, com alguma outra coisa: um batimento cardíaco estável e depois acelerado de desejo, um ronronar.

## *Casa dos Sonhos como* uma estranha que chega à cidade

Certo dia, ela manda uma mensagem perguntando se você pode levá-la até o aeroporto de Cedar Rapids. Ela precisa buscar a namorada, que está chegando de outra cidade para fazer uma visita. Você concorda porque, claro, não tem problema. Você sempre foi capaz de fazer praticamente qualquer coisa por uma mulher bonita. (Anos atrás, quando morava na Califórnia, sua colega de trabalho absurdamente linda te ligou às sete da manhã porque precisava de ajuda para dar partida no carro. Você pulou da cama e saiu de casa em dez minutos e, quando abriu o capô do carro dela, fez questão de contemplar o aparato, como se de fato soubesse o que era o quê.)

No carro, vocês duas falam tanto que você perde a saída — passando em alta velocidade por uma boate de striptease chamada Woody's e pela placa do aeroporto. Quando finalmente chegam e você estaciona o carro, você vai andando até a esteira de bagagens e observa as duas mulheres lindas e pequeninas correndo uma em direção à outra. Uma morena, a outra loira; tipo Jane Russell e Marilyn Monroe. A loira se senta e a morena se aninha no colo dela; elas dão risada e se beijam. (Você ia adorar essa versão de *Os homens preferem as loiras*). Você desvia o olhar e analisa com bastante atenção um cartaz da Universidade de Iowa.

No carro, a morena ri de todas as suas piadas sem disfarçar. Você a olha de soslaio pelo espelho retrovisor. Leva as duas de volta para a cidade e as deixa em algum lugar.

Uns dias mais tarde, você conversa com a amiga que vocês têm em comum. "Acho que ela gostou de você", ela diz.

"Acho ela linda", você diz. "Mas é comprometida. Eu, tipo, acabei de buscar a namorada dela no aeroporto."

"Ah, é", sua amiga diz. "Mas a relação delas é aberta. Foi isso que ela me disse. Só pra constar…" Ela joga as mãos para o alto, fingindo ingenuidade. "Ela falou muito de você."

Seu coração se lança contra sua costela feito um bicho enjaulado.

# *Casa dos Sonhos como* filme cult lésbico

Vocês combinam de se encontrar na casa dela para ver *A torradeira valente*, um filme ao qual você não assiste desde que era criança, mas se lembra que adorava e ao mesmo tempo ficava aterrorizada.

Vocês se sentam a poucos centímetros uma da outra num sofá de veludo verde, os drinques com gotículas de suor na mesinha de centro. Quando chega a hora da sua parte preferida — os carros do ferro-velho melancólicos cantando sobre suas vidas de outrora, lembrando que não valem mais nada e logo vão morrer —, o dedo indicador dela flutua até sua mão, e você sente um repuxo de desejo. Você conhece esse truque. Você já o usou mil vezes: tenho vergonha de virar pra você e falar o que eu quero, então vou fingir que não tenho total controle desse único dedo que resolveu perambular por aí. O filme termina e vocês duas ficam sentadas no escuro. Nervosa, você começa a contar umas curiosidades — "Sabia que esse filme foi baseado numa obra que ganhou um Prêmio Nebula? É que..."

Ela te beija.

No andar de cima, vocês vão cambaleando para a cama dela. Ela nunca beija o mesmo lugar duas vezes. Aí ela diz: "Queria tirar sua blusa. Posso?". E você faz que sim, e ela tira. Ela desliza a mão pelo fecho do seu sutiã. "Tudo bem?", ela pergunta. O quarto tem cheiro de lavanda, ou talvez você se lembre disso porque o edredom dela tinha essa cor. Toda vez que a mão dela muda de lugar, ela sussurra "posso?", e a emoção de dizer pode, pode é a pulsação da maré sobre seu rosto, e você se afogaria de bom grado desse jeito, dando permissão.

## *Casa dos Sonhos como* famosas últimas palavras

"A gente pode transar", ela diz, "mas não pode se apaixonar."*

* Stith Thompson, *Motif-Index of Folk-Literature: A Classification of Narrative Elements in Folktales, Ballads, Myths, Fables, Mediaeval Romances, Exempla, Fabliaux, Jest-Books, and Local Legends* [Índice de temas da literatura folclórica: Uma classificação de elementos narrativos de contos folclóricos, baladas, mitos, fábulas, romances medievais, *exempla*, *fabliaux*, coleções de anedotas e lendas locais]. Bloomington: Indiana University Press, 1955-8. Tipo T3, Mau agouro em casos amorosos.

# *Casa dos Sonhos como* confissão

Ela era baixa, muito branca, magra feito um palito e andrógina, e tinha um cabelo loiro e fino do qual cuidava com uma vaidade despropositada. Olhos azuis, sorriso fácil. Hoje você fica constrangida em dizer que ela chamou sua atenção de um jeito muito estranho, muito antiquado. Apesar de ser da Flórida, ela tinha um óbvio ar de alguém de classe mais alta, talvez da Nova Inglaterra. Tinha estudado em Harvard, ficava muito galante de blazer e andava por aí com uma garrafa de bolso chique revestida em couro, o acessório mais afrescalhado que você tinha visto na vida.

Você sempre desconfiou que era fútil quando se trata de desejo, e dito e feito: todos esses elementos viraram seu cérebro do avesso e transformaram sua buceta em pudim. Talvez você sempre tenha sido uma mistura de hedonista com alpinista social com tarada, mas passou a vida inteira sem saber.

Embora tivessem a mesma idade, você sentia que ela era mais velha: mais sábia, mais experiente, mais versada nas coisas do mundo. Ela tinha trabalhado no mercado editorial, tinha morado no exterior, falava francês fluente. Tinha vivido em Nova York e frequentado festas de lançamento de revistas literárias. E eis que ela tinha uma queda por mulheres de cabelo castanho e óculos, cheinhas ou gordas. Nem a própria Deusa teria planejado melhor.

# *Casa dos Sonhos como* pedacinho do céu

Você adora escrever sentada de frente para ela, as duas digitando com verve e determinação, de vez em quando trocando uma olhadinha pelo canto dos notebooks com uma careta engraçada. Quando saem para jantar, ela pede sashimi de atum e implora para pôr a fatia na sua língua. O peixe é robusto, labial. E derrete ali. Ela pede "dirty martinis" de vodca e você aprende a gostar do sabor salgado. Ela lê seus contos e fica maravilhada com a beleza das suas frases. Você ouve enquanto ela lê um texto antigo no qual conta que os pais dela nunca a deixavam comer cereal matinal. Você diz, muitas vezes, que ela é absurdamente engraçada.

# *Casa dos Sonhos como* golpe de sorte

Parte do problema foi que, como uma mulher gorda e esquisita, você sentiu que teve sorte. Ela fez o que você queria que milhares de outras pessoas fizessem — passou por cima dos indicadores aleatórios de status social e enxergou seu cérebro, seu imenso talento, seu raciocínio rápido e a agressividade que você reservava a gente babaca.

Quando você começou a escrever sobre ser gorda — muito tempo atrás, no seu LiveJournal —, alguém disse nos comentários que você era bonita, inteligente e interessante, mas, enquanto continuasse sendo "rechonchuda", nunca poderia escolher seus parceiros sexuais. Você se lembra de ter se sentido ofendida, e de logo depois ter se dado conta de que era algo muito real e muito pragmático. Você sentiu tanto ódio do mundo!

Quando ela apareceu, você se perguntou se era essa a experiência a que a maioria das pessoas tinha acesso: uma linha reta que ia do desejo à satisfação; o desejo manifesto e satisfeito numa sequência lógica. Até então esse nunca havia sido seu caso; isso sempre tinha sido difícil. Quantas vezes você não pensara "se eu fosse só um pouco diferente na aparência, ia receber todo o amor do mundo"? Agora você tinha a chance de ganhar todo o amor do mundo sem precisar mudar sequer uma célula. Que sorte a sua.

# *Casa dos Sonhos como* viagem de carro para Savannah

Ir para a Geórgia nas férias da primavera foi ideia sua. Você nunca tinha ido para o Sul, só de passagem, e agora começara a escrever um conto sobre Juliette Gordon Low e a casa que ela tinha em Savannah. É uma viagem de doze horas, um pulinho. Além do mais é março, e está um frio danado, e o inverno foi longo. Você quer tomar um solzinho. Então você pergunta se ela quer ir junto. Ela diz que sim. Você compra calcinhas novas no shopping.

Ela assume o volante do seu carro e vocês saem de Iowa antes de o sol nascer. Você pega no sono quase no mesmo instante e, quando acorda, começou a nevar e ela está correndo muito. Você se ajeita no banco e tira a remela dos olhos. As placas de sinalização indicam que a pista está acabando e ela tem que entrar na faixa ao lado; ela manobra tarde demais e enfia o carro num buraco na diagonal. O pneu fura.

Vocês estão em algum lugar na fronteira de St. Louis. Ela encosta o carro; você liga para a seguradora. Eles chegam e usam o estepe, e o cara indica um lugar na estrada onde podem comprar um novo pneu. Você faz o que ele diz, e quando termina ela volta a dirigir, mas depois de poucos quilômetros o novo pneu também fica murcho. Você para numa oficina mecânica exclusiva para caminhões semirreboque; é hilário ver seu Hyundai pequenininho e cheio de adesivos com mensagens progressistas lado a lado com aquelas criaturas monstruosas. Estamos no começo de 2011; o debate sobre o casamento entre pessoas do mesmo sexo está pegando fogo em alguns estados e em outros levou um balde de água fria. O Departamento de Justiça diz que não vai mais fazer cumprir a Lei de Defesa do Matrimônio. As coisas estão *acontecendo*.

Enquanto estão ali sentadas, você começa a chorar. Está constrangida porque seu carro deixou vocês na mão logo no começo da jornada. Ela pede desculpas, diz que foi culpa dela, e você diz que não foi. "O carro não é bom", você diz, se explicando.

Ela dá risada. "Acho que faz parte da aventura. E olha que ainda nem chegamos lá!"

Parece que o mecânico repara em vocês duas — melhor dizendo, ele repara que vocês são absurdamente lésbicas, repara na proximidade dos seus corpos, na constelação que surge a partir desses detalhes e nos adesivos, e talvez ele tenha um lampejo de sexto sentido, mas não diz nada, e você fica agradecida. Ele explica que o pneu que venderam a vocês está cheio de buracos enormes e impossíveis de consertar. Ele trocaria por um pneu novo, mas seu carro usa um tipo estranho e específico de pneu num tamanho incomum, e vocês vão precisar ir a uma cidade maior para encontrá-lo. Ele põe o estepe de volta. Dessa vez é você quem dirige. Em algum lugar de Illinois, vocês finalmente encontram um pneu que serve.

Quando você para o carro na vaga do estacionamento do hotel, ela se aproxima e te dá um beijo. Ela beija seu lábio superior, depois o inferior, como se cada um merecesse atenção e ternura exclusivas. Ela se afasta e olha para você com a apreciação vagarosa e reverente que você dedicaria a uma pintura. Ela faz carinho na parte interna macia do seu pulso. Você sente seu coração batendo em algum lugar muito distante, como se coberto por um vidro.

"Nem acredito que você me escolheu", ela diz.

No quarto, ela tira sua calcinha nova e enfia a cara no meio das suas coxas.

Savannah é uma cidade quente e cheirosa. As árvores são abarrotadas de musgo espanhol, e a água dos chafarizes foi tingida de verde para o Dia de São Patrício. A casa de Juliette Gordon Low é uma mansão enorme e linda, repleta de antiguidades. Sob a placa que fica pendurada na entrada e diz "Local de nascimento de Juliette Gordon Low", ela te obriga a fazer poses cada vez mais ridículas; vocês duas estão rindo quando entram na casa. As mulheres idosas que trabalham ali e usam maquiagem de drag queen reagem com silêncio aos seus comentários empolgados sobre seu amor pelas garotas escoteiras.

O tour é incrível. Você pensa que Juliette tinha jeito de ser a maior sapatão. A guia conta que ela vivia insatisfeita com a casa — com a mobília, com o portão de entrada —, então ela mesma cuidava da decoração e das reformas. Ela aprendeu a forjar metal. Por que será que, pra você, as mulheres foda que não seguem as regras sempre parecem lésbicas? Uma psiquiatra ia fazer a festa com essa constatação. (Embora, em sua defesa, haja na parede um retrato dela de camisa social e chapeuzinho de guarda florestal com uma inegável cara de *butch*.)

Depois, vocês duas andam por um cemitério antigo. Ela te beija atrás de um mausoléu. Ela tenta te convencer a trepar ali mesmo, e você diz não por respeito aos mortos, mas ela é tão linda. Aí um funcionário aparece, você se ajeitam bem rápido e vão embora rindo.

Vocês vão para Tybee Island e pedem uma travessa de frutos do mar — abrindo lagostins ao meio e devorando vieiras, comendo apenas as dádivas que o mar oferece. São bocadas e mais bocadas de manteiga, água, sal e músculo. Depois do almoço, vocês vão até a praia e andam pela água. Você vê golfinhos.

De quando em quando o celular dela toca, e ela sorri e se afasta um pouco para contar a Val sobre a viagem. Mesmo encolhida pela distância, ela acena para você.

No seu último dia na cidade, um homem bêbado as aborda na rua. Você está segurando a mão dela quando ele aparece e te agarra. Ela grita "solta ela!" e dá um golpe de caratê no braço dele. O homem se afasta, surpreso, mandando vocês duas irem se foder, e sai cambaleando.

Você demora quase uma hora até parar de tremer. Enquanto voltam para o carro, ela fica pedindo desculpas por não ter agido mais rápido.

"Mais rápido do que imediatamente?", você pergunta.

"Eu vi aquele cara de longe. Eu logo percebi o que ele ia fazer", ela diz. "Eu sei que pra você isso é novidade, mas eu já saí com muitas mulheres. Isso faz parte. Esse é o risco que a gente corre."

A volta é a maior loucura, parece até que vocês usaram alguma droga. Vocês atravessam metade do país — da Carolina do Norte a Chicago — num dia só, feito duas tresloucadas. Você pensa que seria capaz de dirigir para sempre com ela do seu lado.

## *Casa dos Sonhos como* romance de amor

Uma semana depois de voltarem de Savannah, vocês estão transando na sua cama e você goza e ela diz "eu te amo". As duas estão suadas; a cintaralho ainda está enfiada em você. (Nas suas relações com homens, você sempre gostou de sentir o pau amolecendo lá dentro depois do sexo; agora, você fica respirando pesado no peito dela e se desencaixa do dildo, que volta ao lugar na mesma hora, brilhoso e ereto, mas igualmente gasto.)

Você abaixa a cabeça e olha para ela, numa confusão embaralhada com os tremores do orgasmo,* e ela cobre a boca com a mão. "Desculpa", ela diz.

"Mas era verdade?", você pergunta.

"Não queria ter falado agora", ela diz, "mas era verdade."

Você fica quieta por um longo instante. Então você diz: "Eu também te amo". Parece uma coisa estúpida e ridícula de tão certa, e você não consegue entender como não sabia disso até agora.

---

* Thompson, *Motif-Index of Folk Literature*, Tipo C942.3, Fraqueza ao ver mulher (fada) nua.

"Se eu não conseguir entrar no mestrado aqui, não sei o que vou fazer", ela diz. "Eu quero ficar aqui com você. É só isso que eu quero."

# *Casa dos Sonhos como* déjà-vu

Ela te ama. Ela vê suas características sutis, indizíveis. Você é a única pessoa que combina com ela no mundo inteiro. Ela confia em você. Ela quer te proteger. Ela quer ficar velhinha do seu lado. Ela te acha linda. Ela te acha sexy. Às vezes, quando você olha o celular, descobre que ela te mandou alguma coisa absurdamente safada e sente uma fisgada de desejo no meio das pernas. Às vezes, quando percebe que ela está te olhando, você se sente a pessoa mais sortuda do mundo.

# *Casa dos Sonhos como* romance de formação

Não comecei a namorar quando a maioria começou. Enquanto os outros adolescentes aprendiam a diferenciar um relacionamento bom de um relacionamento ruim, eu me ocupava sendo estranha ao extremo: rezando muito e ficando obcecada com a ideia da castidade.

No verão em que completei treze anos, recebi a salvação diante de uma fogueira numa colônia de férias cristã. Tinha passado a maior parte da semana de atividades fazendo cordões de plástico em ponto arcada e subindo em árvores, mas agora os instrutores — que mal tinham chegado aos vinte anos — nos deram marshmallows e nos estimularam a pensar em tudo que tínhamos feito de errado na vida. Um "Certificado de Renascimento", impresso num papel fino e granuloso, me foi entregue na manhã seguinte. Nele consta o exato momento em que me converti, às 22h20, horário em que normalmente eu já estaria dormindo.

Depois me tornei o completo oposto da jovem moderninha e passei muito tempo levando Jesus a sério sem ironia nenhuma. Eu andava por aí com um patch bordado na mochila que dizia

"Pergunte-me por que sou cristão". Usava um anel com a inscrição "Quem ama, espera". Eu ia à igreja e gostava. Eu acreditava que Jesus era meu salvador; que ele cuidava da minha salvação de forma tão íntima quanto o amor que meus pais tinham por mim.

Quando fiz dezesseis anos, um novo pastor associado, Joel Jones, foi transferido para a nossa paróquia da Igreja Metodista Unificada. Quando ele se apresentou para o grupo de jovens da igreja, senti uma contração lá no fundo da pelve. Ele era bonito, tinha cavanhaque e um cabelo castanho-claro liso que se projetava sobre a testa. Era um pouco gorducho, mas só um pouco. Ele usava aliança. E, quando me cumprimentou com um aperto de mão, olhou bem nos meus olhos.

Joel estava sempre por perto. Participava de eventos dos grupos de jovens, além das suas atividades normais da igreja. Dava sermões inteligentes, de conteúdo progressista, que espalhavam caos e indignação por entre os membros mais velhos da congregação, fato que me fazia muito feliz. Às vezes, eu ficava um pouco mais na igreja depois que o culto acabava. Ele sempre falava comigo como se eu fosse adulta; ele sempre se lembrava do meu nome.

No meu último ano do ensino médio, nossa igreja entrou em contato com uma congregação metodista de Lichtenburg, na África do Sul, que planejava fundar um acampamento juvenil para as suas crianças e adolescentes. Um grupo de adultos — que incluía Joel — decidiu fazer uma experiência, e me convidou para acompanhá-los.

Saímos do auge do inverno frio do nordeste dos Estados Unidos e chegamos ao pleno verão do hemisfério Sul. O acampamento havia sido instalado numa imensa fazenda na saída da cidade, um imóvel suntuoso com uma piscina e um enorme chafariz branco e um portão que ladeava a estrada. Os campistas, que iam dos nove anos até minha idade, dezessete, ficavam num estábulo transformado em dormitório. Ministrei um curso extracurricular de artes e artesanato. Acendemos fogueiras em torno das quais cantávamos, tocávamos violão e fazíamos confissões espontâneas.

Boerboel, uma raça sul-africana de cães gigantes semelhante ao mastim, circulavam livremente pelo terreno. Havia uma fêmea que acabara de dar à luz e andava muito devagar com seus mamilos inchados, e seus filhotes imensos que se pisoteavam para chegar até nossas mãos estendidas. O proprietário da fazenda plantava girassóis, e na plantação suas cabeças luminosas ficavam sempre viradas em direção à luz; um dia de manhã ele nos levou para o meio da plantação para nos mostrar como eles seguiam o caminho do sol ao longo do céu. A terra ao nosso redor era tão plana que era possível ver as nuvens de chuva negras atravessando o céu com relâmpagos por todos os lados; tempestades tão distantes que nunca chegavam. Eu jamais estivera tão longe de casa.

Toda noite, depois que os campistas iam dormir, eu ficava conversando com Joel. Ele falava de forma aberta e sincera sobre sua fé; sobre os conflitos que tinha com suas próprias fraquezas: o orgulho, a inveja e — com a voz mais baixa — a luxúria.

"Teoricamente, sou um homem de Deus", ele disse certa noite enquanto os pernilongos mordiam nossos membros no escuro. "Mas me sinto tão fraco. Sinto que preciso lutar contra meus instintos todos os dias, e quase sempre meus instintos vencem a briga." Ele apoiou a cabeça nas duas mãos. Eu me aproximei e encostei no seu braço, e ele não fugiu. Quando ele voltou a falar, senti a vibração da sua voz nos meus dedos. "Meu papel é mostrar o caminho pra toda essa gente, e ser um exemplo, mas às vezes eu me pergunto se sou a pessoa certa pra isso. Acho que devia ser alguém melhor do que eu." Eu nunca tinha ouvido ninguém falar de si daquele jeito. "Não sei o que Deus quer de mim", ele disse, enfim. "Como líder, como homem."

Senti vontade de chorar. Pensei na minha própria luxúria e nos meus próprios defeitos, e na minha vida, que estava caindo aos pedaços. Meus pais viviam brigando. Haviam se passado anos depois de um episódio de abuso, e ainda assim aquilo continuava prejudicando meu sono e minha capacidade de receber carinho. Eu pensava em sexo com frequência, embora aquilo me enchesse de medo. Eu estava sempre chorando, sempre insegura. O quê, perguntava a mim mesma, Deus esperava de uma pessoa como eu?

Uma noite, Joel e eu levamos nossos sacos de dormir para a área externa e dormimos lado a lado sob as estrelas. Eu nunca tinha visto um céu como aquele, imaculado das luzes da cidade. A Via Láctea era absurdamente nítida; matéria estelar espalhada pelo breu. Havia novas constelações aqui, no fim do mundo. Os planetas cintilavam; os satélites deslizavam pelo céu. Quando acordei, havia um escaravelho empurrando uma bolinha marrom pela grama a poucos centímetros do meu nariz. Quase sempre tenho pavor de insetos, mas naquele momento, pelo contrário, eu estava completamente aberta, pronta para me surpreender. Na determinação e no lento progresso do besouro, vi uma beleza indescritível.

Quando Joel acordou, andamos até a piscina e ficamos olhando a beirada da água calma e transparente. Ele tirou a camisa. Havia uma bomba de insulina retangular presa ao abdômen dele; esse toque de fragilidade me atingiu em alguma trama misteriosa que eu tinha por dentro. Ele desconectou a bomba de insulina e se virou para mim, de braços abertos, e me deixou empurrá-lo na água. Quando reemergiu do azul, ele agarrou meu tornozelo e me puxou para dentro da água. Ficamos nos rodeando, minhas roupas flutuando sem peso ao redor do corpo. Foi só quando saí da piscina uma hora depois que percebi o que eu tinha feito: o tecido estava encharcado, levemente alvejado, pesado como chumbo.

Depois que voltamos para os Estados Unidos, eu ia de carro até a igreja depois da aula e ficava sentada no escritório dele por horas. Ele fechava a porta.
A gente conversava. Falávamos sobre Deus, ética, história e a escola; o casamento dele; o abuso sexual que eu tinha sofrido no primeiro ano do ensino médio e que eu não conseguia arrancar da minha cabeça. Ele me autorizou a falar palavrão na frente dele, e eu falava, e muito. "Foda-se essa merda, caralho", eu gritava, ainda inexperiente na blasfêmia. "Que cuzão. Que cuzão de bosta." Da sua cadeira de escritório, Joel me observava com ar pensativo, se sacudindo na estrutura metálica. Certo dia, eu me sentei no chão e ele resolveu me fazer companhia, nossos joelhos encostados um no outro. "Às vezes você só precisa ver as coisas sob outro ponto de vista", ele me disse.
Depois de um tempo, ele insistiu que nos encontrássemos fora do trabalho. Joel me deu o número do seu celular e, quando liguei, ele aceitou me encontrar onde eu quisesse. Essa mudança me fez sentir um estranho arroubo de prazer. Tínhamos superado as situações e os cenários do ministério. Durante a jornada de trabalho, ele recebia os frequentadores da igreja, com a porta bem aberta. Mas comigo ele se encontrava em lanchonetes às duas da manhã, e eu via o rosto dele no reflexo das janelas sombreadas. Eu ia de carro até sua casa e esperava que ele se vestisse para sairmos. Se a esposa dele não estivesse em casa, ele se trocava na frente da porta aberta enquanto eu olhava mas não olhava, e depois íamos aos restaurantes da cidade e ele me pagava guiozas e sanduíches de queijo, e eu tentava não chorar muito alto. Uma vez acabei dormindo na mesa do restaurante, e ele esperou até que eu acordasse.

\* \* \*

    Minha mãe não gostava que eu chamasse Joel pelo primeiro nome. "Não é certo", ela disse. "Era pra ele ser o 'pastor Jones'." O que eu não conseguia explicar a ela, o que eu mesma mal conseguia compreender, era que Joel não era só o pastor da minha igreja. Os limites que deveriam existir entre nós dois — ministro/ congregante, adulto/ adolescente — haviam se desfeito por completo. Éramos amigos. Éramos amigos de verdade, absolutamente sinceros, e eu não tinha tantos amigos assim.
    Joel quase nunca mencionava minha idade, mas quando acontecia eu conseguia ver o abismo de tempo que nos separava e achava horrível. As palavras dele eram um mantra que eu repetia na minha cabeça. *Vai ficar tudo bem. Não é culpa sua. Você não é uma pessoa ruim. Deus te ama. Deus te ama mesmo que você não seja perfeita. Eu te amo.*
    E eu o desejava. Ainda por cima eu o desejava. Eu sabia que ele era casado, mas isso não parecia ter importância. Ele me contou que a esposa não conseguia engravidar e que tinham parado de fazer sexo. Talvez fosse isso que eu sentia nele: alguma coisa enjaulada, uma insatisfação. Ele irradiava desejo. Eu queria beijar Joel, queria que ele me abraçasse, queria associar sexo com alguma coisa que não fosse medo e culpa. Eu queria que minha vida levasse um chacoalhão, queria deixar de ser quem eu era e virar uma pessoa renovada.
    Naqueles meses, confusa de tanto dormir pouco e à flor da pele de ansiedade, eu me sentia uma calculadora com a mão de alguém flutuando sobre o painel solar — apagando e voltando, perigando desligar de vez. Joel, no entanto, parecia movido pela sua própria vontade de viver. Eu queria ser daquele jeito.

Chorei da última vez que o vi. Eu estava me mudando para fazer faculdade, mas não queria ficar tão longe. Ele me acalmou, dizendo que estaríamos a um telefonema de distância, apenas. "Fora que", ele disse, "Washington não fica tão longe. De repente eu posso te visitar."

Na faculdade, beijei pela primeira vez, dei o primeiro amasso no escuro. Eu me senti estranha logo depois: eufórica, triste, satisfeita, adulta. Quando acabou, voltei para o meu quarto no dormitório. Já tinha passado da meia-noite. Levei o celular para o corredor, para que minha colega de quarto não ouvisse a conversa, e liguei para Joel. Ele me perguntou o que tinha acontecido. Eu contei, detalhe por detalhe. Ele não tentou impedir; só escutou até eu terminar.

"O que eu faço?", perguntei a ele, e a pergunta saiu da minha boca antes que eu pudesse me segurar. Até aquele momento eu estava, no fundo, muito empolgada, animada com a novidade que era a barba de um homem roçando meu rosto, mãos que iam aonde eu queria. Mas no silêncio de Joel, que continha algo de reprovação, relembrei o pecado daqueles atos.

Pela primeira vez, ele pareceu não saber o que dizer. Onde antes sempre existira um conselho leve, que parecia certo, bom e claro, agora havia resistência. Hesitação.

"Peça perdão", ele enfim disse.

Algumas semanas depois, Joel parou de atender às minhas ligações.

Segui minha vida, mas o silêncio dele pairava ao meu redor. Será que ele estava bravo porque eu tinha ficado com alguém? Será que estava... com ciúmes? Entrei em pânico. Talvez ele tivesse perdido o interesse por mim. Talvez eu tivesse cruzado uma linha invisível, feito algo imperdoável. Enviei alguns e-mails, separados pelo que eu julgava serem intervalos razoáveis. Ele não respondeu.

Algumas semanas depois, eu estava sentada no meu quarto, no meu edredom marrom de veludo cotelê, tentando decidir se ia ou não ao refeitório, quando meu celular tocou. Falei para a minha colega de quarto ir sem mim; eu iria em seguida.

Minha mãe começou a falar com uma voz comedida, um pouco fria.

"O pastor Jones foi demitido da igreja", ela disse.

"O quê?"

"Pelo que estão dizendo, ele estava tendo um caso com uma frequentadora da igreja", ela disse. "Uma mulher que fazia aconselhamento matrimonial com ele."

Eu desliguei; liguei para Joel. O telefone dele tocou sem parar. Eu não acreditava que ele fosse capaz de fazer uma coisa assim, em seguida me senti mal por julgá-lo. E, enquanto a mensagem da secretária eletrônica dele tocava, uma parte de mim que era uma menininha ciumenta se perguntou — se de fato era aquilo que ele queria — por que ele não tinha me escolhido. Eu estava disponível. Tínhamos chegado tão perto. Ele poderia ter feito, e eu faria, e com prazer. "Me liga", eu disse, tentando manter a voz firme. "Por favor. Eu preciso falar com você."

Peguei um trem que levava à cidade e depois fui de carro até a casa paroquial. Estava escuro, mas bati à porta mesmo assim. Como Joel não atendeu, fui para casa e enviei mais um e-mail.

"Por favor", eu disse. "Por favor, não me evite. Ou, se é isso que você vai fazer, me avise, para eu não ficar perdida nesse meio do caminho. Você ficou do meu lado quando meu mundo estava desabando. Por favor, me deixa fazer o mesmo por você."

Ele respondeu algumas horas depois. "Carmen, estou bem, mas as coisas andam confusas. Preciso ir, a biblioteca está fechando. Joel." Essa foi a última vez que recebi alguma notícia dele.

\* \* \*

Quando enfim consegui voltar a flertar e me relacionar, eu estava um pouco desesperada, um pouco com tesão e confusa demais. Eu não tinha entendido exatamente nada. Virei adulta, portanto, na Casa dos Sonhos, com a sabedoria recém-chegada quase me asfixiando durante o sono. Tudo tinha gosto de alguma coisa que era quase uma epifania.

# *Casa dos Sonhos como* taxonomia dos contos folclóricos

No conto de Hans Christian Andersen, cortam a língua da Pequena Sereia, arrancando-a de sua cabeça.* Em *Os cisnes selvagens*, Eliza é uma princesa que fica em silêncio por sete anos enquanto costura túnicas de urtiga para seus irmãos, que foram transformados nas aves do título.** E também há a Guardadora de Gansos, cuja identidade e cujo título e marido são roubados por uma ajudante traiçoeira, mas que não pode falar de sua atribulação porque teme por sua vida.***

A Pequena Sereia também sofre de outras maneiras. O processo de criar pernas dói como se facas rasgassem sua cauda ao meio. Ela dança lindamente porque a cada passo que dá está agonizando. Ainda assim, o príncipe não a escolhe. No final, ela

---

\* Thompson, *Motif-Index of Folk-Literature*, Tipo S163, Mutilação: língua cortada (arrancada).
\*\* Aarne-Thompson-Uther, *Classification of Folk Tales* [Classificação dos contos folclóricos], Tipo 451, A donzela que procura seus irmãos.
\*\*\* Aarne-Thompson-Uther, *Classification of Folk Tales*, Tipo 533, A noiva reprimida.

pensa em matá-lo para salvar a si mesma, mas escolhe morrer e é levada por anjos. (Por meio de seu sofrimento, ela ganhou uma alma.)* Mas, antes disso, a bruxa retira o músculo de sua língua e perfura o tecido. Se alguma vez você fatiou uma costeleta de porco com uma faca cega de loja de departamento, sabe bem como é: tem de serrar sem parar, sacudir a faca para a frente e para trás até chegar ao músculo que cede, escorregadio e barulhento, e à gordura branca.

Eliza, por outro lado, tem sorte. Bom, tem sorte mais ou menos. Bom, um pouco mais de sorte. As urtigas são urtigas que queimam a pele, e ela tem de colhê-las em cemitérios. E ela tem de ficar em silêncio o tempo todo: em silêncio enquanto produz as túnicas com as mãos em carne viva e cheias de bolhas, em silêncio enquanto um homem se apaixona por ela, em silêncio enquanto tentam queimá-la por ser bruxa. E, mesmo depois de cumprir sua missão, ela desmaia antes de conseguir falar, e aí seus irmãos têm de falar por ela.

E a Guardadora de Gansos? Ela sobrevive. Ela sobrevive e pronto. Sim, a falsa princesa manda matarem seu cavalo tão querido e deixa a cabeça decepada pendurada num portão para todo mundo ver. Sim, ela tem de ver outra pessoa bailando por aí enquanto usa sua identidade como se fosse uma fantasia, com medo de dizer o que precisa ser dito. Mas no final, com a ajuda de um rei bondoso e um garoto-ganso, sua verdade é revelada. Ela se casa com o príncipe, governa com generosidade e é feliz para sempre.

Às vezes sua língua é arrancada, em outras você a imobiliza por conta própria. Às vezes você vive, em outras você morre. Às vezes você tem nome, em outras ganha o nome daquilo que —

---

* Thompson, *Motif-Index of Folk-Literature*, Tipo Q172, Recompensa: entrada no céu.

não de quem — você é. A história sempre muda um pouquinho, dependendo de quem conta.

Há uma cantiga na língua quíchua: *El que me nombra, me rompe.* Aquilo que me nomeia, me quebra. A solução, é claro, é o "silêncio". Mas a verdade é que qualquer pessoa que saiba seu nome pode te partir ao meio.*

---

* Thompson, *Motif-Index of Folk-Literature*, Tipo C432.1, Descobrir o nome de uma criatura sobrenatural confere poder sobre ela.

# *Casa dos Sonhos como* ménagerie

Vocês haviam cruzado uma linha: tinham se apaixonado. "Eu preciso falar com a Val", ela diz. "Preciso contar pra ela, preciso resolver isso. Estamos juntas há três anos", ela termina, se explicando. E, embora já estivesse tudo às claras, você sente uma estranha pontada de culpa. Sentimentos são assim, né? Acabam sempre se embolando e se complicando? Ganham vida própria? Tentar controlar sentimentos é como tentar controlar um animal selvagem: não importa o quanto você acha que ensinou a ele, o animal é voluntarioso. Ele pensa por si mesmo. Essa é a beleza do selvagem.

# *Casa dos Sonhos como* amantes sob adversa estrela

Certo dia, chega uma carta. Ela foi reprovada no programa de pós-graduação em escrita da Universidade de Iowa, mas aprovada pela Universidade de Indiana. Ela diz isso com tristeza, pelo telefone, apesar de vocês morarem a pouco mais de um quilômetro de distância.

Você chora na privacidade do seu quarto. Era inevitável, você pensa. Foi ótimo, mas acabou.

Algumas horas depois, ela bate à sua porta. No seu quarto, ela te beija e explica: a Val vai se mudar de Nova York e vir morar com ela em Indiana. Mas ela quer que você vá visitá-las, quer continuar a relação de vocês. "A Val falou que a gente pode tentar", ela diz. "É que... Acho que eu sempre fui adepta do poliamor, e faz todo sentido. Eu quero ficar com vocês duas. Quero fazer dar certo. Será que é loucura?"

"Não", você diz, enxugando as lágrimas dos seus óculos. "Quero muito tentar."

# *Casa dos Sonhos como* devaneio

Ela e Val precisam ir procurar uma casa para morar em Bloomington, e querem que você vá junto.

Alguns dias antes de partir de Iowa, você encontra uma antiga fotografia em preto e branco numa loja, com três mulheres rindo, uma delas segurando um bebê. Dos anos 1940, talvez, mas é só um palpite. Você compra um porta-retratos num bazar de antiguidades e leva a foto com você.

Em Indiana, vocês visitam várias casas juntas. Você dirige; sua namorada fica no banco do passageiro; Val fica no banco de trás. A explicação básica é que elas são o casal e você é a amiga que tem carro, mas a cada lugar que vão vocês todas pensam nos quartos. Precisam de dois, um para você e ela, outro para ela e Val? Que tal um sofá-cama no escritório? As três dão risada, apinhadas nos cômodos. Se os proprietários têm alguma dúvida, não chegam a verbalizar. Você pensa: *eles nem imaginam, nem imaginam a perfeição e a belezura desse nosso esquema.*

Uma das casas é mágica, aninhada entre as árvores, toda em madeira, rústica, com mais cômodos do que vocês seriam capazes de preencher. Você se lembra de um peculiar conjunto de janelas internas, como se a casa tivesse engolido uma segunda casa muito pequenina. Outra está tão malcuidada que chega a ser engraçado, e todas as superfícies da cozinha estão cobertas de copinhos de bebida lavados e postos para secar; uma casa em que fazem festas, onde há pelo menos um morador curiosamente cuidadoso. Tem cheiro de rapazes adolescentes: suor, desodorante em spray e Doritos.

Durante um longo intervalo entre as visitas, vocês vão a um pet shop e veem um pequeno amontoado de furões agarradinhos no cercado. Você inventa vozes engraçadas para todos eles, depois conta uma história sobre a chefe que você teve num emprego de férias e que perguntou se podia te mostrar uma foto dos filhos, e depois veio com uma foto de furões. Quando vocês saem da loja, andando sob o sol, as três estão rindo.

A última casa — a mais perfeita — pertence a um casal jovem e lindo, os dois são ruivos, e os filhos aparecem na porta puxando a saia da mãe enquanto ela mexe uma tigela de massa de biscoito. Parece um conto de fadas. Há galinhas bicando o chão do quintal; um cachorro bonito e esguio dorme na varanda. A casa é aquecida por um forno a lenha. Você sabe que o lugar não é muito conveniente — fica muito longe do centro da cidade, a construção é muito rústica —, mas gostou tanto que sente uma pontada no coração. É aqui — em pé debaixo de um toldo de árvores, observando sua namorada falar com o homem — que você pela primeira vez admite a si mesma a fantasia: um dia a estrutura em V do seu relacionamento cairá aos pedaços, e vocês três vão ficar juntas.*

---

* Thompson, *Motif-Index of Folk-Literature*, Tipo T92.1, O enredo do triângulo e suas soluções.

Vocês põem Val num avião e voltam só as duas de carro para Iowa. Enquanto os pastos passam pela janela, você se pega imaginando toda uma vida nova, uma interseção perfeita entre hedonismo e vida saudável: fazer conservas, escrever de frente para a lareira, vocês três entrelaçadas numa cama. Brigar com o orientador da escola dos seus filhos. Explicar para os seus filhos que as outras famílias podem ser diferentes da de vocês, mas isso não quer dizer que tenha algo errado. A maioria das crianças daria tudo para ter três mães.

Você se flagra sofrendo desde já. Você olha para ela. "Vamos fazer mais uma viagem de carro juntas", ela diz.

## *Casa dos Sonhos como* literatura erótica

No fim da primavera, você se surpreende consigo mesma quando pede para ela tapar sua boca na hora que vai gozar. Ela faz isso, pressionando uma mão firme contra seu gemido que vem num crescendo, e é como se o som fosse devolvido para dentro do seu corpo para se derramar por todas as suas moléculas. Quando você está se recuperando e tenta puxar o ar mas não consegue, ela tira a mão, e você sente o vestígio do formigamento da não linguagem.

Depois disso, você pede para ela falar num fluxo grave e rouco enquanto te come, e ela faz isso: alternando entre inglês e francês com facilidade, murmurando coisas sobre o pau dela e como ele te preenche toda, cobrindo seu rosto com a mão aberta e agarrando a arquitetura do seu maxilar para virá-lo como bem entender. Ela raspa os pelos da buceta e deixa bem lisinha, e ela brilha como a parte interna de uma concha. Ela adora usar cintaralho; você a chupa assim e ela goza como se fosse tudo de verdade, se contorcendo e quase pulando do colchão.

Você não sabe qual milagre é maior: o corpo dela ou o amor que ela sente pelo seu corpo. Ela assombra seus pensamentos eróticos. Vocês duas vivem permanentemente molhadas. Vocês trepam, ao que parece, em todo lugar: na cama, na mesa e no chão; pelo telefone. Quando estão fisicamente próximas, ela adora admirar as diferenças entre vocês: como a pele dela é branca como leite desnatado e a sua, oliva; como os mamilos dela são cor-de-rosa e os seus, marrons. "Em você é tudo mais escuro", ela diz.

Você deixaria que ela te engolisse inteira, se ela pudesse.

## *Casa dos sonhos como* presságio

Vocês duas começam a trabalhar como avaliadoras de exames padronizados na Pearson para ganhar uma grana extra. O prédio é baixo e achatado e fica num parque empresarial perto da fronteira de Iowa City, onde a cidade dá lugar a plantações. Lembra um emprego que você teve aos dezenove anos, em que era uma espécie de operadora de telemarketing chique e precisava ficar ligando para os proprietários de imóveis no Lehigh Valley para tentar convencê-los a trocar as janelas das casas.

Vocês ficam sentadas em mesas compridas, e há um computador em cada baia. Você queria avaliar redações, mas passa a maior parte do tempo avaliando aquele tipo de problema de matemática longo que te dava brotoejas na adolescência, quando você ria alto dos alunos descarados que faziam desenhos ou escreviam piadas como "Até parece que eu sei" no lugar da resposta. É tão chato que dá um nó na cabeça, mas é uma fonte de renda, e vocês duas chegam até a fazer uma espécie de amiga: uma mulher que senta com vocês no almoço, e para quem muitas vezes dão carona.

As horas são longas, os intervalos são curtos, e no fim do dia você muitas vezes acaba comendo Doritos da máquina de petiscos, se sentindo inchada e com um gosto ruim de comida industrializada na boca. Você vai muito ao banheiro, mais para ativar a circulação e para não dormir na mesa.

É numa dessas incursões que você ouve uma mulher soluçando no banheiro de deficientes, que fica ao lado da sua cabine. Você faz xixi — só que você já fez uma hora antes, então não passa de um fiozinho — e, depois que lava as mãos, bate de leve na porta e pergunta se ela está bem. Ela destranca a porta, soluçando, uma mulher pequena e esguia com olhos escuros e enormes. Ela diz que está passando por uma *situação traumática*. Você pergunta se ela quer ir lá fora, ela diz que sim, e vocês saem e se sentam na grama que fica na entrada do edifício. Ela conta que foi estuprada, muito tempo atrás, e que tem sido difícil fazer alguém acreditar nela. Como a maioria das mulheres, você também sofreu violência sexual, e vocês duas conversam — bem, ela fala; você praticamente só ouve e concorda com a cabeça.

A tarde vai passando. Você pensa que sua chefe vai perceber que você não está na sua mesa, que vai aparecer berrando — mas ou ela não sabe ou não liga. Num determinado momento, você se pergunta que horas são, mas não quer interromper o fluxo do monólogo da mulher tirando seu celular do bolso.

Quando finalmente pega o celular, você descobre duas coisas: vocês estão no gramado há quase duas horas, e sua namorada ligou e mandou mensagens meia dúzia de vezes. *Cadê você, cadê você, cadê você*, ela pergunta, e no instante em que você leva o celular ao ouvido para ligar para ela, a porta principal do prédio se abre e uma onda de avaliadores começa a sair de lá, inclusive ela. Você dá seu número para a mulher com quem estava conversando, fala para ela te ligar se precisar de alguma coisa, depois sai correndo pela grama.

Sua namorada está de cara amarrada. Sua nova amiga vem

correndo ao lado dela, parecendo um pouco ansiosa e ofegante, e te alcança antes. "Ela só ficou preocupada com você", sua nova amiga diz, tão afoita para prevenir alguma coisa que você fica desconcertada. Vocês três entram no seu carro, e sua namorada irradia fúria. Você dirige em silêncio até a casa da amiga. Quando chegam lá, ela parece quase relutante em sair do carro e, quando sai, demora a se afastar, como se quisesse dizer alguma coisa. Mas depois ela entra na casa. Enquanto você manobra o carro e se afasta do meio-fio, sua namorada bate no painel com toda a força.

"Onde você se enfiou, caralho?"

Você conta que a mulher estava no banheiro, que te falou muita coisa, que não podia mandar mensagem porque ela estava falando e você não queria interromper. Você realmente acredita que essa explicação vai amenizar a raiva dela — você espera até que ela peça desculpas —, mas de alguma forma ela fica ainda mais revoltada. Ela continua batendo no painel. "Você é a pessoa mais desnaturada que eu já conheci na minha vida, como é que você tem coragem de sair da empresa assim, sem falar nada, porra?" Toda vez que você menciona a mulher ela volta a gritar. A alguns quarteirões da sua casa, você para o carro.

"Não fala comigo assim", você diz. Então, para o seu horror, você começa a chorar. "Eu tive que tomar uma decisão, e senti que era a decisão certa."

Ela tira o cinto de segurança e se debruça até chegar muito perto do seu ouvido. "Você está proibida de escrever sobre isso", ela diz. "Nunca escreva sobre isso. Deu pra entender, caralho?"

Você não sabe se ela está falando da mulher ou de si mesma, mas faz que sim com a cabeça.

O medo faz de todos nós mentirosos.*

---

\* Thompson, *Motif-Index of Folk-Literature*, Tipo C420.2, Tabu: não falar sobre determinado acontecimento.

## *Casa dos Sonhos como* noir

Ela não é a primeira mulher por quem você se apaixona, nem a primeira mulher que você beija, nem mesmo a primeira mulher com quem você transa. Mas é a primeira mulher que deseja você *desse* jeito — com um quê de obsessão. Ela é a primeira mulher que se prende a você com o rótulo de *namorada*. Que parece sentir orgulho disso. Então, quando ela chega dizendo que *namorar mulher é assim*, você acredita nela. E por que não ia acreditar? Você confia nela, e não tem nenhuma outra referência. Você passou a vida inteira ouvindo seu pai falar da *emoção*, da *sensibilidade* das mulheres. Ele nunca falava exatamente como se isso fosse ruim — embora sempre ficasse subentendido que talvez fosse. De repente, você se pega pensando se está diante de evidências que comprovam a teoria dele. Tantos anos dizendo ao seu pai que ele estava falando merda, que precisava descolonizar a cabeça e parar com o essencialismo de gênero, e olhe você aqui aprendendo que relações lésbicas são, de certa forma, diferentes — mais intensas e mais bonitas, mas também mais dolorosas e mais inconstantes, porque as mulheres também são tudo isso. Talvez você de fato acredite que mulheres são diferentes. Talvez você esteja devendo um pedido de desculpas ao seu pai. Damas são damas, sabe como é.

# *Casa dos Sonhos como* vilania queer

Penso bastante nos vilões e vilãs queer, no problema, no prazer e na audácia desses personagens.

Sei que eu deveria ter uma opinião política formada a respeito deles. Sei, por exemplo, que eu deveria ficar ofendida pelo grande elenco Disney de desocupados fúteis e afetados (Scar, Jafar), drag queens medonhas (Úrsula, Cruela Cruel) e sapatas dominadoras que sofrem de prisão de ventre e odeiam homens (sra. Tremaine, Malévola). Eu deveria ficar possessa ao ver o mordomo gay cheio de artimanhas de *Downton Abbey* e a lésbica maluca e controladora de *Girlfriend*, e deveria ficar indignada ao ver *Rebecca: a mulher inesquecível*, *Pacto sinistro*, *Laura*, *Sombras do terror* e *A Malvada*, e todos os homossexuais clássicos ou contemporâneos que sejam emperiquitados, ardilosos, afeminados, maldosos, retesados, depravados, perversos e loucos, seja na tela pequena ou na grande.

No entanto, embora intelectualmente eu reconheça o problema — o código, a forma como a condição do vilão e a condição queer acabam se confundindo —, não consigo deixar de amar esses vilões queer da ficção. Eu os amo por sua opulência estética e seu êxtase teatral, sua exuberância, sua crueldade, seu *poder*. Eles sempre são de longe os personagens mais interessantes em cena. Afinal de contas, vivem num mundo que os odeia. Eles se adaptaram; aprenderam a se mascarar. Eles sobreviveram.

No filme *Um estranho no lago*, de Alain Guiraudie, o jovem protagonista, Franck, testemunha um homem mais velho, Michel, afogando seu namorado num lago conhecido como ponto de *cruising*\* da região. Mais tarde, ele começa a se relacionar com Michel. Depois que encontram o corpo do namorado, a comunidade gay da região ao redor do lago fica abalada, mas ao mesmo tempo segue com sua rotina coletiva. Enquanto um detetive proativo aparece buscando respostas, Franck se vê mentindo para seu novo amante e tentando se aproximar do detetive.

A decisão de Franck — continuar com o assassino bonito e sedutor — é uma versão só um pouco exagerada de um problema muito comum: a incapacidade de raciocinar de forma lógica quando se está em plena rebentação das ondas do desejo, do amor e da solidão. Michel não conta com a exuberância afetada de tantos outros vilões queer, e de certa forma é muito mais sinistro. Ele é assustador, carismático e desprovido de moral. Não temos acesso a quase nenhuma informação sobre sua história pregressa e suas motivações para matar.

Há uma questão de representação vinculada ao incômodo que o vilão queer desperta; quando há tão poucos personagens gays na tela, sua vilania desproporcional é — obviamente — suspeita. Ela conta uma história única, para parafrasear Chimamanda Ngozi

---

\* Essa prática, que se popularizou na comunidade gay nos anos 1970, consiste em dirigir ou andar até um local onde se faz sexo em público. Entre heterossexuais, ficou conhecida como *dogging*. (N. T.)

Adichie, e, na vida real, leva a associações com a crueldade e a depravação. Não é incorreto dizer a um artista que há uma responsabilidade embutida na escolha de quem serão os vilões da narrativa, mas também não se trata de uma discussão simples.

Na verdade, vilões queer se tornam muito mais interessantes quando há *outros* personagens gays, tanto dentro de um projeto ou universo específico quanto do zeitgeist como um todo. Eles se tornam uma estrela numa constelação maior; ganham contexto. E isso é bem empolgante, até libertador; ao expandir a representação, abrimos espaço para que indivíduos queer sejam — enquanto personagens, enquanto pessoas reais — seres humanos. Não precisam ser metáforas para a perversidade e a depravação nem ícones da submissão e da docilidade.\* Podem ser *o que são*. Nós merecemos que nossas transgressões sejam representadas tanto quanto nosso heroísmo, porque, quando negamos a um grupo de pessoas a possibilidade da transgressão, estamos lhe negando a humanidade. Em outras palavras, indivíduos queer — os da vida real — não merecem representação, proteção e direitos por serem moralmente puros ou respeitáveis como grupo.\*\* Merecem tais coisas porque são seres humanos, e isso basta.

---

\* Um clichê que se originou de um mal necessário: a luta por direitos. Como nas questões de raça, gênero e inclusão da pessoa com deficiência, o atalho narrativo da minoria imaculada que está disposta a se sacrificar costuma andar de mãos dadas com o mais puro ódio, e é tão perigoso quanto ele (ainda que por motivos diferentes).

\*\* Representações como essa se mostraram úteis durante a luta pela legalização do casamento gay nos Estados Unidos, mas não lhes faltam desvantagens. Não é por acaso, por exemplo, que muita gente acha difícil entender o que aconteceu com Jennifer e Sarah Hart, um casal de lésbicas brancas que fizeram seus seis filhos adotados e negros passarem fome e depois entraram num carro e arremessaram a si mesmas e aos filhos de um penhasco na Califórnia em 2018. Também não é por acaso que as pessoas têm dificuldade de conceber que mulheres queer sejam capazes de cometer abuso sexual ou violência doméstica.

\* \* \*

Quase no final de *Um estranho no lago*, o detetive confronta Franck enquanto ele se afasta da praia para ir embora. Franck fica literalmente aprisionado pelos feixes de luz dos faróis do policial, e, à medida que o diálogo se desenvolve, a metáfora se torna ainda mais clara. "Você não acha estranho que tenhamos acabado de encontrar o corpo, e dois dias depois todo mundo volte a transar por aí como se nada tivesse acontecido?", o detetive pergunta a ele.

Mais adiante, na mesma cena, Franck se verá tomado pelo remorso quando o policial lhe pede para ter compaixão pelo homem que morreu e implora para que tenha o mínimo cuidado com a própria segurança.\* Mas, mesmo sofrendo, ele continua lúcido. "Não podemos deixar de viver", ele diz.

*Não podemos deixar de viver*. O que significa *temos de viver*, o que significa *estamos vivos*, o que significa *somos seres humanos e somos humanos*: alguns de nós são cruéis e alguns são confusos, alguns transam com as pessoas erradas, alguns cometem erros e alguns são assassinos. E parece horrível, mas é, na verdade, libertador: a ideia de que "queer" não é sinônimo de "bom", nem "puro", nem "certo". É apenas um estado — que está sujeito à política, às suas próprias forças sociais, a narrativas mais amplas, a complexidades morais de toda sorte. Então mandem

---

(Também há muito machismo envolvido nessa questão, um dilema parecido com o do caso de Lizzie Borden. Quem é capaz de cometer violência indizível?)
\* Nessa cena há outro detalhe que não me saía da cabeça. O detetive pergunta a Franck: "E se houver um assassino homofóbico andando por aí?". O detetive não sabe necessariamente que o assassino também é gay; ele está supondo que a vítima de um grupo social malfalado pode ter sido escolhida por fazer parte desse grupo. Mas eu me perguntei: se um assassino gay só ataca homens gays, será que o próprio assassino gay é homofóbico? Essa pergunta é uma espécie de serpente que morde a própria cauda, e não consigo deixá-la de lado.

mais vilões queer, heróis queer, parceiros queer para os heróis, coadjuvantes, protagonistas e figurantes. Eles sozinhos dão um elenco completo. Deixem que tenham agência, e então os deixem seguir seu caminho.

# *Casa dos Sonhos como* viagem de carro para todos os lugares

É julho. Iowa em julho é puro drama: umidade, alertas de furacão, tempestades tão violentas que você precisa parar o carro e esperar. Os pernilongos se apinham ao seu redor e, uma vez saciados, vão embora deixando suas pernas inchadas.

Vocês planejam a viagem: de Iowa a Boston, de Boston a Nova York. Em Boston, ela vai mostrar os lugares aonde gostava de ir; em Nova York, vocês duas vão passar um tempo com Val. Depois irão de Nova York a Allentown para ela conhecer seus pais, depois de Allentown a Washington para conhecer seus amigos da faculdade, depois de Washington para o norte da Virginia para o casamento de uma das suas amigas mais antigas, e por fim até a Flórida para que você conheça os pais dela. Só de pensar na estrada você se anima. Você sempre amou dirigir grandes distâncias para atravessar o país: é o único momento em que sente algum traço de patriotismo.

Os pais dela não querem que vocês viajem de carro. Têm medo de acidentes; imploram para irem de avião. Vocês chegam a um acordo: vocês irão de carro até Washington e de lá seguirão de avião para a Flórida. Eles pagam as passagens de ambas.

Cada passo da viagem é agridoce. Dirigindo, você desliza a mão até a calcinha dela e a masturba enquanto passam por plantações, mas acabam sendo detidas pela polícia rodoviária. (Ela é um tesão, você é tonta.) Vocês brigam perto de um posto de beira de estrada em Illinois por causa de — dentre todas as coisas possíveis — uma música da Beyoncé. ("Se a letra falasse que são os *homens* que mandam no mundo", ela diz, "você ia odiar essa música.") Quando ela te beija no estacionamento de um McDonald's em Indiana, vocês duas levantam a cabeça e veem um grupo de homens — uma turba de homens, uma corja de homens — que estão parados, assistindo, rindo, apontando. Um homem faz aquela coisa de tremelicar-a-língua-entre-os-dedos, que você nunca tinha visto ninguém fazer na vida real. Vocês dão no pé o mais rápido que podem; não chegam nem a afivelar o cinto de segurança antes de voltar à rodovia.

# *Casa dos Sonhos como* acidente

Em Boston, seu amigo Sam — em quem você ainda pensa com o apelido da faculdade, Big Sam — ouve por acaso um momento em que ela te faz chorar, e depois passa a tratá-la com frieza, mas você preferia que ele fingisse não ter ouvido nada.

# *Casa dos Sonhos como* ambição

Ela te leva ao campus de Harvard, que você nunca tinha visto, e você se pega nutrindo uma fantasia retrospectiva meio estranha. Quando ela mostra o refeitório dos alunos da graduação, que é quase igual a Hogwarts, você não consegue parar de pensar: será que eu devia ter estudado em Harvard? Talvez eu devesse ter tentado? Você fica pensando nos motivos por que se candidatou às universidades pelas quais se candidatou, e se lembra — pela primeira vez em anos — de ter escolhido sua lista de universidades de forma praticamente aleatória. Você queria ir estudar em outra cidade e queria sair da Pensilvânia; esses eram os únicos dois critérios. Você gostaria de descrever com precisão a dor profunda que sentiu ao andar por aquele campus, o momento em que percebeu tarde demais que tinha fodido com sua vida por falta de ambição. Quem é você? Você não é ninguém. Você não é nada.

Ela encaixa o braço no seu enquanto vocês duas andam pelos prédios, como se você pudesse ter feito parte daquilo tudo, como se fizesse parte daquilo, como ela faz.

# *Casa dos Sonhos como* homem vs. natureza

Em Nova York, vocês visitam uma loja que vende suvenires de origem natural e científica. Crânios de veado em estojos, madeira petrificada, esqueletos de morcego articulados dentro de redomas de vidro, geodos de ametista do tamanho de uma criança, ratos empalhados, fósseis de trilobita, livros de observação de aves encapados em couro. A loja tem um ar hipnótico. Você queria poder passar o dia inteiro nela; queria poder gastar milhares de dólares ali. Lembra uma loja que você frequentava na infância — Belezas da Natureza, que descanse em paz — e que sempre fez você se sentir uma mistura de Ellie Sattler com Lara Croft.

Essa noite, deitada ao lado dela num sofá-cama, você conta a ela uma das suas fantasias:

"Temos uma casa linda; aquele tipo de casa que tem até uma biblioteca cheia de livros e daquelas coisas que um cientista amador teria na sua biblioteca em 1910. E damos uma festa imensa, luxuosa, e todo mundo aparece, e todo mundo se diverte, e há bebida e uma comida incrível. Estou usando um vestido justo e rodado dos anos 1950, muito bonito, e você está de terno e gravata. Em algum momento da noite, quando todo mundo já bebeu um pouco, você me puxa para um canto escondido num quartinho qualquer e enfia a mão no meu vestido, cochichando no meu ouvido tudo o que vai acontecer quando os convidados forem embora. E mais tarde, depois que você beija a última pessoa no rosto e tranca a porta da frente, nós duas vamos cambaleando até a biblioteca, onde você me empurra num divã vermelho muito chique e eu desfaço sua gravata e desabotoo sua camisa, e ali mesmo, entre os ossos, os livros e as pinturas, você enfia a mão dentro de mim e morde meu pescoço e depois que eu gozo eu bato uma siririca pra você, e os bichos mortos ficam olhando por nós." Essa fantasia brota tão formada que parece que já aconteceu em algum momento do passado, como se, em vez de inventá-la, você tivesse acabado de arrancá-la de um caldeirão de história e consciência.

"Sim", ela diz. "Sim."

## *Casa dos Sonhos como* comédia para assistir chapada

É verão em Nova York, e o calor é um bicho que não sai do seu pé. Vocês estão hospedadas no apartamento da amiga dela em Crown Heights, e você, ela e Val fumam muita maconha. Você nunca foi muito chegada em maconha — na verdade, você sempre foi meio bobinha quando se trata de drogas; você se sente ridícula só de dizer a palavra "drogas" —, mas fuma porque ela fuma e fica irritada se você não fumar. ("Quê, você se acha superior?", ela diz uma vez quando você recusa; depois você não recusa mais.) Você tosse sem parar porque nunca se acostumou a fumar.

Você fica muito doida sem querer. Tão doida que, quando pegam o metrô até Little Russia, para ir à praia, você quase não consegue se lembrar de como chegou lá, exceto por uns poucos fragmentos brilhantes e distantes. Entrar numa farmácia e sentir que vocês eram um sacrifício para o Minotauro. Areia quente. Ela passando uma loção geladinha nas suas costas. (Há fotos das três juntas, uma prova de que você estava presente. Você está sorrindo, e parece absurdamente aérea.)

Depois chega seu aniversário. Acontece uma festa. Você está

chapada demais para ficar em pé, então fica sentada, com as pernas abertas e a cabeça pesada, com as costas encostadas no forno. As pessoas vêm, sentam-se ao seu lado e ficam conversando, e você percebe várias vezes, de um jeito meio oscilante e atrasado, que estão preocupadas com você. Você tenta explicar que está ótima, está ótima, só está chapada, mas as pessoas não parecem acreditar no que você de fato consegue dizer.

Val te visita no chão e leva fatias de queijo. Você enfia uma na boca e analisa a textura lisa do queijo, sua doçura que lembra a nozes. Você gosta tanto dela. Ela é tão generosa, tão aberta, e você respeita sua resiliência. Outra fatia, agora salgada e quebradiça, que se desfaz de um jeito tão agradável. Como você deu tanta sorte, para ter toda essa gente nova na sua vida? A próxima fatia é de muçarela fresca, e, enquanto Val a ajuda a se levantar, você pensa em silêncio que *muçarela é praticamente um queijo de água*, depois vai para outro cômodo e cai no sono.

# *Casa dos Sonhos como* reunião de família

No carro, em Nova York, sua namorada está chapada e quieta. Ela fede a maconha, e daqui a pouco vai encontrar seus pais pela primeira vez. Você nunca tinha ficado tão brava com ela como está agora. "A gente vai encontrar meus pais em, tipo, uma hora. Não consigo entender por que você resolveu fazer isso."

"Você nunca teve que conhecer os pais de alguém sendo a *primeira namorada* da pessoa", ela joga na sua cara. "Eles te olham de um jeito *insuportável*."

Você fica em silêncio.

"Eles não vão perceber", ela diz.

"Agora você não pode nem me ajudar a dirigir", você diz. "Tenho que fazer tudo sozinha."

Vocês atravessam Nova York desse jeito, com o carro preenchido pelo calor quieto e ondulante de suas respectivas fúrias.

Em Allentown, seus pais a recebem muito bem.

# *Casa dos Sonhos como* lá vem a noiva

Em Washington, ela é apresentada aos seus amigos da faculdade, cujas reações ao conhecê-la oscilam entre a simpatia, a empolgação e a frieza. (Sam fez a cabeça deles, você percebe com uma ponta de pânico. Você não conseguiu controlar a situação.)

Na Virgínia, vocês andam a cavalo por entre as árvores e veem o sol nascer por cima das montanhas Shenandoah. O casamento é lindo. Na cerimônia, todos entram juntos numa cabine de fotos. Você usa luvas. Você segura um monóculo sobre os olhos. Você encaixa um cachimbo entre os lábios. Você bebe e dança. Você adora o jeito que ela rebola pela pista, a dança de alguém que tem pura alegria no corpo. Depois do casamento, você tem que rasgar o vestidinho preto que ela está usando, porque o zíper quebrou e vocês duas estão bêbadas, chapadas e rindo sem parar.

No dia seguinte, depois de se despedirem dos seus amigos, vocês ficam sentadas dentro do carro no estacionamento, e ela começa a falar sem te deixar responder — *seus amigos me odeiam, eles têm inveja*. Uma hora depois vocês continuam ali, sua cabeça baixa e chorosa encostada na janela. A noiva passa pelo carro e te vê ali dentro. Você a vê diminuindo o passo, com o rosto crispado de perplexidade e preocupação. Você balança a cabeça muito de leve e ela parece ficar em dúvida, mas continua andando, e assim você pode suportar seu castigo em paz. Quando se afastam das montanhas e chegam de novo a uma estrada, a dor da briga já ficou mais fraca; uísque que o gelo abranda.

# *Casa dos Sonhos como* casa na Flórida

Vocês vão visitar a casa dos pais dela no extremo sul da Flórida. Passaram o caminho inteiro brigando — no Aeroporto Dulles ela te fez chorar num restaurante com a marca da Cervejaria Sam Adams e vários desconhecidos julgaram com o olhar enquanto você passava um guardanapo no rosto como uma tuberculosa —, por isso é um alívio chegar.

Ela tem um gato idoso que imediatamente tenta te morder. A mãe dela parece um passarinho, de tão magra, e você fica preocupada — com ela e com você. O pai dela chega mais tarde e prepara um drinque generoso para si mesmo. A família dela é engraçada e cruel. Eles são diferentes da sua família, a qual você sente que nunca valorizou seu intelecto. E são só ela e os pais e você fica com inveja; não há outra palavra para isso.

Eles te dão comida. Frango, cuscuz israelense, biscoitos, azeitonas gregas e uma salada de feijão com muito endro. Frutos do mar, risoto e frutas frescas. Você ri. "A gente podia se mudar pra cá", você diz, e a mãe dela abre um sorriso satisfeito, e por um instante você se sente na cena de um filme, um namorado que se refestela com os dotes culinários da mãe da pessoa amada. Você nunca vê a mãe dela comendo, nem sequer uma vez.

"Se vocês saírem pra dar uma volta mais tarde", o pai dela diz, bebendo o terceiro martíni do dia, "tomem cuidado com os jacarés."

"Jacarés?", você repete, assustada.

"Acho que não vão te atacar", ele diz. O copo se esvazia de repente. "Acho."

No dia seguinte, vocês começam a brigar por coisas mínimas enquanto estão sentadas na cama em que ela dormia na infância. Você decide se afastar, ir para a cozinha. "Vou ficar lendo", você diz, e o faz, por quase uma hora. A mãe dela está em pé de frente para o balcão, fatiando alguma coisa perfumada e falando com você com uma voz animada.

Sua namorada vai até a cozinha e pergunta "o que você está lendo?" com a mão começando a rodear seu braço. "É...", você começa a responder, e ela contrai os dedos.

A mãe dela, ainda picando os ingredientes, diz: "Vocês ainda vão à praia mais tarde?". A faca bate na tábua de cozinha com uma precisão desconcertante.

Ela aperta com força, e começa a machucar. Você não entende; não entende de uma forma tão profunda a ponto de seu cérebro deslizar, saltar, voltar atrás. Você solta um arquejo, o menor arquejo possível. É a primeira vez que ela encosta em você de um jeito no qual não há amor, e você não sabe o que fazer. *Não é normal, não é normal, não é normal.* Sua cabeça faz o que pode para encontrar uma explicação, e ela te machuca cada vez mais, e tudo ao redor para de se mover. Seus pensamentos chegam acompanhados de um espasmo de pavor, e você fica tão concentrada nele que não ouve a resposta dela.

\* \* \*

Uma hora depois, vocês estão na praia, só as duas. "Vamos entrar na água", ela diz.

Você vai atrás dela porque não vê outra opção. O mar da Flórida é diferente de tudo que já viu — quente como a água de uma banheira, mas, paradoxalmente, cheio de ameaças. Os mares frios feito gelo da sua meninice pareciam mais hostis às formas de vida; nessa água linda e tépida, qualquer coisa pode estar à espreita. Quando a água chega ao pescoço, ela diz: "Deixa eu te abraçar!".

Você a encara.

"Por que você ficou assim toda bravinha?", ela pergunta. "Você está assim desde que a gente botou o pé pra fora de casa."

"Precisamos conversar", você diz. "Hoje, quando você apertou meu braço... Aquilo me assustou muito. Você pegou em mim de um jeito que não demonstrava preocupação nem amor. Você pegou em mim com raiva." Você se sente uma hippie de merda, mas não conhece outra linguagem que dê conta disso, da palpitação desesperada do seu coração. "Você apertou sem parar e..." Você ergue o braço, onde um leve hematoma começou a se formar, para fora da água. "Por que você fez isso?"

Ela fica com o olhar vazio por uma fração de segundo, e logo em seguida seu queixo começa a tremer. "Me desculpe", ela diz. "Não foi por querer. Você sabe que eu te amo, né?"

Nada de especial acontece no restante da visita, exceto por uma noite quase no fim da estada, quando estão voltando da piscina logo depois de o sol se pôr. Vocês abrem a porta de correr envidraçada que revela o ar-condicionado e vozes cada vez mais altas e, quando passam juntas pela cozinha, você vê o pai dela avançando contra a mãe. Ele está segurando um drinque e esbravejando sobre… alguma coisa. Ela fica encolhida contra o balcão. Sua namorada continua andando, sem titubear, mas você para por um instante e olha para eles. A mãe dela te lança um olhar, e em seguida levanta o queixo em direção ao marido e diz "tenho que terminar o jantar", depois dá as costas a ele. É um momento difícil, mas logo passa e o pai se afasta.

No quarto da sua namorada, você treme sem parar. Lá fora, a pressão pré-tempestade enche o ar. Ela tira toda a roupa e fica em pé, toda arrepiada. "Eu não quero ser igual a ele", ela diz, "mas às vezes tenho medo de ser." Ela não parece estar falando com você.

Quando a tempestade irrompe, o trovão é tão alto quanto um tiro.

# *Casa dos Sonhos como* Barba Azul

A maior mentira do Barba Azul era que havia uma só regra: sua esposa mais recente poderia fazer qualquer coisa que ela quisesse — qualquer coisa —, contanto que não fizesse aquela (única e aleatória) coisa; contanto que não enfiasse aquela chavinha insignificante naquela fechadurinha insignificante.*

Mas todos sabemos que esse era só o começo, um teste. Ela não passou no teste (e viveu para contar a história, como eu), mas, mesmo que tivesse passado, mesmo que tivesse escutado, haveria algum outro pedido, um pouco maior, um pouco mais estranho, e se ela continuasse — continuasse se permitindo ser instruída, como uma usuária de espartilho fanática que comprime a cintura cada vez mais —, haveria uma cena em que Barba Azul dançaria aos rodopios, abraçado aos cadáveres decompostos de suas cinco esposas, e a última esposa apareceria sentada e emudecida, reprimindo um horror crescente, engolindo o ovo

---

* Thompson, *Motif-Index of Folk-Literature*, Tipos C610 e C611, O único lugar proibido (câmara proibida).

do vômito que lhe balançava dentro do peito. E depois, outra cena, na qual ele faria coisas indizíveis aos corpos (mulheres, um dia elas haviam sido mulheres) e ela manteria os olhos cravados à distância, buscando uma espécie de purgatório mudo em que pudesse viver para sempre.

(Há especialistas que acreditam que a barba azul do Barba Azul é um símbolo da natureza sobrenatural do personagem; uma versão mais aceitável do que o autoritarismo de um homem qualquer. Mas não é essa a piada? Ele pode ser uma pessoa qualquer, e não precisa ser homem.)

Já que ela não tinha visto nada de estranho na chave e em suas exigências, não tinha pensado duas vezes quando ele lhe dissera que seus passos eram muito pesados para o gosto dele, não tinha reclamado quando ele queria trepar mesmo enquanto ela chorava, não tinha negado quando ele pediu que ela parasse de falar com todas as outras pessoas, não tinha dado um pio quando ele deixara seus braços cheios de hematomas, não o xingara quando falava com ela como se fosse uma criança ou um cachorro, não tinha saído correndo e gritando pela estrada do castelo e chegado ao vilarejo mais próximo implorando *socorro, socorro, socorro* a alguém... parecia lógico que ela ficasse sentada observando enquanto ele rodopiava o cadáver da esposa Número Quatro, sua cabeça putrefata pendendo para trás, presa a um gonzo de carne.

É assim que você vai se fortalecer, a esposa mais recente refletiu. É assim que se pratica a tenacidade do amor; sua força de tração, sua durabilidade. Você está sendo testada e está passando no teste; menina doce, eu mesma tão doce, olhe como você é boazinha; olhe como você é fiel; olhe como você é amada.

# II

*O leite estava tão quente que de início ela mal conseguiu encostar os lábios. Os goles mínimos se espalharam pela boca e desprenderam uma combinação de sabores orgânicos. O leite parecia ter gosto de osso e sangue, de carne morna, de cabelo, sem sal como cal, mas vivo como um embrião que cresce. Estava inteiro quente, até o fundo da xícara, e Therese bebeu tudo, como as pessoas dos contos de fadas bebem a poção que vai transformar, ou o guerreiro desavisado, o líquido que vai matar.*

Patricia Highsmith

# *Casa dos Sonhos como* morte térmica do universo

Desde que me conheço por gente sou obcecada por beiradas, pelos limites físicos e temporais. O começo, o fim. O primeiro, o último. A beira do abismo. Uma vez, quando era criança, fiquei em pé naquela areia incrível localizada na boca da maré — aquele tipo de areia que pode ser úmida e maleável ou dura feito amido encharcado — e gritei para os meus pais que eu estava em pé na linha do mapa. Vendo que eles não tinham entendido, expliquei que havia uma linha no mapa que separava a terra da água, e que eu estava exatamente *em cima dela*.

Muitos anos depois, fui mergulhar com snorkel com meu irmão na costa do sul de Cuba. Depois de dar uma olhada nos recifes de corais que ficavam perto da praia, meu irmão pediu para o guia — um mergulhador hippie bronzeado e sem camisa chamado Rollo — nos levar mais longe. Então entramos no mar aberto, onde basta relaxar o corpo para todo o oceano te ninar, o que pode dar um pouco de enjoo. Rollo nos levou ao ponto em que a água ficava mais profunda. Num instante eu conseguia ver a areia, e no outro era tudo um nada muito fundo e preto-azulado.

Nós três voltamos à superfície e Rollo me disse para prestar atenção nele. Então o guia mergulhou cada vez mais fundo, até que a escuridão o engoliu inteiro.

Embora eu não corresse perigo — minhas costas estavam expostas ao ar e eu estava a poucos centímetros do oxigênio —, fiquei sem ar e tirei a cabeça de dentro da água. Meu irmão perguntou "o que foi? O que foi?", e eu tentei explicar, mas não consegui. Poucos segundos depois, Rollo saiu da água, sorrindo. "Você viu?", ele perguntou.

Uma teoria sobre o fim de tudo: a morte térmica do universo. A entropia vai se instalar, a matéria vai se dispersar e nada mais vai existir.

# *Casa dos Sonhos como* lugar de chegada

Você vai de carro até Bloomington com ela, porque a ama e quer que ela chegue bem. Você não acha que um avião seja capaz de demonstrar todo esse amor.

A Casa dos Sonhos é igualzinha à casa de que você se lembrava. O contêiner com as coisas dela já foi entregue pela empresa e está parado no quintal, parecendo uma cabana. Quando vocês o abrem, lhe ocorre que alguém poderia morar num desses. Um microapartamento. Então você pensa em Nárnia, no momento em que Lucy entra no armário e vai pisando nos casacos de pele até chegar à neve, e lá está o poste de luz, e lá está um mundo novo, congelado num inverno terrível pela Bruxa Branca.

Vocês levam as coisas para dentro sob os olhares cautelosos dos pais dela, que observam quando você ergue o corpinho dela no ar para que ela desamarre o colchão do teto do contêiner. Depois ela diz que eles ficaram encantados ao te ver pegando-a no colo daquele jeito — como se você fosse um rapaz atlético exibindo sua força.

Depois que vocês todos voltam do jantar, você se joga na cama, chora e fica maravilhada, tudo ao mesmo tempo.

## *Casa dos Sonhos como* utopia

Bloomington:* até o nome é uma promessa. (Viva, desabrochada, boa de falar.)

---

* *Blooming, bloom*: florescer, floração. (N. T.)

# *Casa dos Sonhos como* mito do duplo

Quando seu celular toca no fim da tarde, você sabe o que é antes de atender. Você não acredita em poderes divinatórios, mas mesmo assim tem certeza.

"Eu preciso saber que é pra valer", ela diz quando você atende. "Preciso saber se você está comprometida de verdade."

"Eu estou, sim."

"Acabei de terminar com a Val", ela diz. "É que... Pelo que estava rolando desde que ela se mudou, ficou claro que nossa relação não vai dar certo. Vamos continuar amigas, claro, e ela te adora. Mas ela vai voltar pra Costa Leste."

Você manda um e-mail para Val, sentindo-se estranha. Ela responde: "Espero que em breve a gente possa ser muito amigas. Quero fazer parte da vida de vocês por muito tempo".

Depois, você fica feliz. Então você se sente culpada por ficar feliz, depois feliz de novo. Você ganhou o jogo. Você não sabia que estava jogando, mas mesmo assim ganhou o jogo.

De agora em diante, serão só você e a mulher da Casa dos Sonhos.* Só vocês duas, juntas.**

---

* Thompson, *Motif-Index of Folk-Literature*, Tipo T92.4, Garota foge com o amante errado por engano.
** Thompson, *Motif-Index of Folk-Literature*, Tipo P427.7.2.1.1, Aliança entre poetas e tolos.

# *Casa dos Sonhos como* alta fantasia

Depois disso, nada continua igual. A princípio, acontece tudo o que supostamente deveria acontecer, confirmando cada uma das suspeitas que você sempre teve a respeito do seu próprio valor. Você teve sorte de conhecê-la. Você não é uma coisa bizarra, um completo desastre. Você tem alguém que te deseja. Melhor ainda, que precisa de você. Você faz parte do destino de alguém. Você é essencial para um plano maior que vai se estender por muitos anos, muitos reinos, muitos tomos.

# *Casa dos Sonhos como* entomologia

"Eu sei que a gente tentou aquela coisa de poliamor quando eu estava com a Val", ela diz. "Mas não quero te dividir com ninguém. Eu te amo demais. Será que podemos ser monogâmicas?" Você ri, faz que sim e dá um beijo nela, como se o amor que ela sente por você tivesse ficado mais afiado e te pregado na parede.

# *Casa dos Sonhos como* romance *pulp* lésbico

A capa já diz tudo. A inversão mais depravada. Sedução. Sapatas lascivas e vamps peitudas. O amor que não ousa dizer seu nome.

Temos que driblar a censura, de forma que o drama é mais garantido. Ela estava inscrita no DNA da Casa dos Sonhos, talvez desde quando era só uma casa, talvez desde quando era só Bloomington, Indiana, ou só Territórios do Noroeste, ou só a tribo dos Miami, que ainda não fora colonizada. Ou desde antes de seres humanos existirem na região, quando era só uma terra bruta e anônima.

Você se pergunta se, num dado ponto da história, algum bicho teria passado correndo pelo que eras depois viria a ser a sala de estar e inclinou a cabeça para ouvir o mais débil dos sons: um grito, um choro. Fantasmas de um futuro que ainda não tinha acontecido.

## *Casa dos Sonhos como* aprendizado na marra

Você tem uma tia ruiva, a irmã mais próxima da sua mãe. Na infância, você a chamava, não tão em segredo assim, de "tia horrível", porque ela era famosa pelos seus imprevisíveis ataques de fúria; ataques cujo alvo muitas vezes era você.* Você sentia pavor das viagens que faziam todo ano ao Wisconsin, porque sabia que implicavam contato direto com uma mulher que obviamente te odiava e se esforçava tão pouco para esconder esse ódio que chegava a ser cômico. Tratava-se de uma luta de poder, o que era estranho, porque você não tinha poder nenhum. Você não consegue se lembrar de uma só conversa com ela em que não estivesse tensa, andando com cuidado por um campo minado invisível.

Coisas que despertaram a braveza da sua tia e das quais você se lembra: aquela vez que você fez pipoca com sua prima e salpicou queijo parmesão em cima; aquela vez que você e sua prima tentaram fazer aquarelas com pétalas de flor na casa da sua avó; aquela vez que você começou a contar o enredo do filme *O mundo*

---

* Thompson, *Motif-Index of Folk-Literature*, Tipo S72, Tia malvada.

*fantástico de Oz* para a sua prima. (Era assustador demais, pelo jeito, embora essa mesma prima tivesse lido *Trocas macabras* e te contado o filme inteiro em cada mínimo detalhe horripilante na noite anterior, enquanto você se agarrava ao seu cachorrinho de pelúcia e olhava para ela no escuro.) No ensino fundamental, quando você vivia brigando com sua mãe, sua tia te disse pelo serviço de mensagens instantâneas da AOL que ia ser sua culpa se seus pais se separassem e ameaçou cortar fora as bolas do seu pai. (Anos depois, quando o casamento tóxico e infeliz dos seus pais acabou, você percebeu que aquele havia sido o momento em que pela primeira vez você sentiu uma pontadinha mínima de compaixão pela sua tia, que também havia enfrentado um divórcio e nunca mais se casou.)

Sua mãe dava várias desculpas para justificar o comportamento da irmã. Sua tia era mãe solteira, ela dizia, e trabalhava demais para sustentar os filhos sendo enfermeira. Ela tinha uma doença chamada endometriose, por isso sentia dores com frequência. (Anos depois, quando a mesma doença brotou no seu próprio corpo, você notou que conseguia sobreviver às piores crises sem gritar com criancinhas, ou com qualquer pessoa, a bem da verdade.)

Sua tia chegou a conhecer a mulher da Casa dos Sonhos. Uma vez. Sua prima, filha dela, estava se formando na faculdade numa cidade do Centro-Oeste não muito distante da sua, e vocês duas compareceram a uma festa em sua homenagem. Sua tia foi burocrática e educada, sua prima ficou completamente encantada. Depois, você se viu tomada pelo remorso: por que a única namorada que você levou para Wisconsin tinha sido justo aquela que só ia reforçar todas as percepções que seus parentes católicos conservadores tinham a respeito das mulheres queer?

Depois disso, quando sua avó faleceu, você saiu para dar uma volta de carro com sua mãe, sua tia horrível e uma outra tia. Sem mais nem menos, sua tia horrível disse "eu não acredito em gays", e do banco de trás — empoderada pela condição de adulta —, você disse: "Bom, a gente acredita em você". Sua mãe não se manifestou.*

* Thompson, *Motif-Index of Folk-Literature*, Tipo S12.2.2, Mãe arremessa filhos no fogo.

# *Casa dos Sonhos como* construção de mundo

Na escrita, um lugar nunca é só um lugar. Quando é, o autor ou autora fracassou. O cenário não é inerte. Ele é ativado pelo foco narrativo.

Mais tarde, você descobrirá que uma característica comum da violência doméstica é a "deslocação". Em outras palavras, a vítima acaba de se mudar para um lugar novo, ou está num lugar cujo idioma não fala, ou de alguma forma foi retirada de sua rede de apoio, seus amigos ou família, ou roubada de sua habilidade de comunicação. As circunstâncias em que vive e seu isolamento a tornam vulnerável. Seu único aliado é seu agressor ou agressora, o que equivale a dizer que ela não tem nenhum aliado. E assim ela tem de lutar contra uma paisagem inalterável que foi criada à força por nada menos que o próprio tempo; uma casa grande demais para se demolir com as próprias mãos; uma situação muito complexa ou muito opressora para que ela a domine sozinha. O cenário cumpre sua função.

Esse mundo poderia muito bem ser uma ilha, cercada por águas intransponíveis. De um lado, um campo de golfe — propriedade da universidade, como era a casa — pelo qual graduandos bêbados cambaleavam como zumbis, com suas silhuetas projetadas contra a montanha. Do outro, um arvoredo que parecia sugerir uma floresta, misteriosa e repleta de animais selvagens e escuridão. Ali perto, casas ocupadas por desconhecidos que nunca ouviam nada ou não queriam se envolver. Por fim, uma estrada, mas aquele tipo de estrada que levava a outra estrada, só que maior. Inconveniente para pedestres. Imprópria para travessia, na verdade. A quilômetros do centro da cidade.

A Casa dos Sonhos nunca foi apenas a Casa dos Sonhos. Ela era, de acordo com a ocasião, um convento de esperança (jardim de ervas, vinho, escrever na mesa uma de frente para a outra), um antro de depravação (trepar com as janelas abertas, acordar com a boca na boca, o murmúrio baixo e insistente de uma fantasia), uma casa mal-assombrada (*isso não pode estar acontecendo de verdade*), uma prisão (*tenho que sair daqui tenho que sair daqui*) e, por fim, uma masmorra da memória. Em sonhos, ela fica atrás de uma porta verde, por motivos que você nunca compreendeu. A porta não era verde.

# *Casa dos Sonhos como* cenografia

A cena começa numa casa genérica numa vizinhança nos arredores de Bloomington, Indiana, poucos anos depois da virada da década. É um subúrbio, mas um subúrbio contornado pela vida selvagem; animais andam pelo imóvel como se não houvesse ninguém morando ali. A porta principal dá para a rua, mas essa porta será mantida fechada. A estrada que leva à casa faz uma bela curva à esquerda do terreno, como um riacho, e desemboca numa caixa de correio. As telhas são de um branco envelhecido; uma chaminé vermelha é o único traço de personalidade. Atrás da casa há uma grande árvore com um balanço de madeira que pende de um galho baixo. Ela fica defronte à única porta pela qual as moradoras entrarão: uma porta dos fundos que leva à cozinha.

A cozinha — assim como o restante da casa — é preenchida por uma mistura de móveis de madeira maciça e escura, que você ajudou a transportar escada abaixo na casa em que ela morava antes, e peças quebradas e descombinadas que pertenciam ao antigo morador. Uma luminária de piso com um fio elétrico carcomido; uma pequena mesa de cozinha; um sofá rangedor cujas molas são como ervilhas debaixo do colchão da cama de uma princesa. A casa funciona como um círculo: uma cozinha que se abre para a sala de estar, que se abre para um corredor do qual se sobressaem o quarto e o banheiro, que leva a um escritório, que faz a volta até a cozinha. No quarto: roupas amontoadas, pilhas de livros, um dildo roxo, um frasco de colônia masculina em forma de torso sem cabeça — "Le Male", de Jean Paul Gaultier — já meio vazio. Na cozinha: um saleiro de bambu para o sal marinho artesanal, facas estranhamente cegas.

Há caixas de papelão por todos os cantos da casa. E sequer são novas: são moles e têm o cheiro doce das caixas de Pizza Hut quando ficam úmidas de gordura. (Como a Fera de Angela Carter no conto "A noiva do tigre", "o palácio estava desarranjado, como se seu dono estivesse prestes a se mudar de lá ou nunca tivesse se mudado para lá por completo. A Fera escolhera viver num lugar desabitado".) É uma mistura bizarra de luxo e lixo: como os pertences de uma família aristocrática que faliu. Há um quê de desespero na casa; como se um fantasma tentasse se revelar, mas, não conseguindo, acabasse caído de cara no tapete, respirando com estrépito e fedendo a mofo.

As cortinas se abrem e revelam duas mulheres sentadas uma de frente para a outra: CARMEN, uma mulher gorda de etnia indefinida e mais ou menos 25 anos que sofre de má postura. Ela está digitando no computador. Do outro lado da mesa está A MULHER DA CASA DOS SONHOS, pequenina, com aparência de menino e maxilar retesado, também digitando. Ao redor delas, a casa inspira, expira, inspira mais uma vez.

# *Casa dos Sonhos como* fita de monstro

Você desce até o porão exatamente uma vez, e há aranhas lá embaixo, dezenas delas. Não sabe de que tipo são, mas são grandes o suficiente para que você veja cada detalhe dos seus corpos — dos seus rostos! Dos seus rostos de aranha! — mesmo à meia-luz. Você sobe os degraus correndo, o cesto de roupas abandonado, e implora que ela lave as roupas para você. Ela lava.

# *Casa dos Sonhos como* gótico americano

Para ser um romance gótico, uma narrativa precisa de duas coisas. A primeira: "mulher + habitação". Conforme a teórica do cinema Mary Ann Doane escreve, "o horror, que supostamente deveria ser externo à vida doméstica, se infiltra na casa". A casa não é essencial para o abuso doméstico, mas é um belo empurrão: um espaço privado onde dramas privados são encenados, como reza o clichê, atrás de portas fechadas, mas também de janelas com isolamento acústico, cortinas cerradas, telefones mudos. Uma casa nunca é apolítica. Ela é concebida, construída, ocupada e policiada por pessoas com poder, necessidades e medos. Um produto limpa-vidros é político. Bem como o incenso que você acende para encobrir o cheiro de uma briga.

O segundo elemento necessário: "casar-se com um estranho". Estranhos, como a teórica do cinema feminista Diane Waldman aponta, porque durante a década de 1940 — o auge dos filmes de romance gótico como *Rebecca: a mulher inesquecível*, *O solar de Dragonwyck* e *Suspeita* — os homens estavam voltando da guerra e tinham se tornado desconhecidos para as pessoas que eles haviam deixado para trás. "A coqueluche de casamentos apressados do período pré-guerra (e o subsequente recorde, então sem precedentes, da taxa de divórcios de 1946), o aumento de casamentos precoces nos anos 1940", Waldman escreve, "e o processo de separação e reencontro antes e depois da guerra [deram ao] motivo dos góticos uma repercussão histórica específica." "A heroína gótica", segundo a crítica de cinema Tania Modleski, "tenta se convencer de que suas suspeitas são descabidas, de que, já que ela o ama, ele deve ser digno de confiança, e de que ela terá falhado como mulher se não confiar nele cegamente."

Há, é claro, um grande problema no gênero gótico: ele é heteronormativo por natureza. Uma exceção digna de nota é a novela *Carmilla: A vampira de Karnstein*, de Joseph Sheridan Le Fanu, com as potentes sugestões queer da interação entre a inocente protagonista e a temida vampira do título. ("Pensará que sou cruel, muito egoísta, mas o amor é sempre egoísta", Carmilla diz a Laura. "Não pode saber o tamanho do meu ciúme. Tem de vir comigo, me amando, para a morte; ou então me odiar, mas vir comigo mesmo assim, e me *odiando* pela morte e além.")

Não éramos casadas; ela não era um homem melancólico e taciturno. O imóvel estava longe de ser uma mansão decadente passada de geração em geração; era só uma casa independente construída no início da Grande Depressão. Sem charneca, só um campo de golfe. Mas era "mulher + habitação", e ela era uma estranha. É provável que essa seja a parte mais real e mais gótica; não por conta da guerra ou porque só tínhamos nos encontrado com damas de companhia antes do casamento, e sim porque eu não a conhecia, não de verdade, até que a conheci. Ela era uma estranha porque algo fundamental foi resguardado e depois liberado em doses minúsculas até virar uma enchente — uma enchente da coisa que descobri não saber até então.* Depois, lamentei a perda como se ela tivesse morrido, porque alguma coisa de fato tinha morrido: alguém que tínhamos inventado juntas.

---

* Thompson, *Motif-Index of Folk-Literature*, Tipo T11, Apaixonar-se por pessoa nunca vista.

# *Casa dos Sonhos como* expressão idiomática

Sempre que ouvia que alguém era "de casa" ou "se sentia em casa", expressões muito comuns, eu pensava que uma casa sempre fosse um lugar íntimo e seguro. São ideias muito bonitas, que dão a entender que a casa é o lugar para onde você corre quando uma tempestade de fim de verão chega bufando no seu cangote. Lá está a casa, te esperando; uma barreira que te protege da natureza, de críticas, das outras pessoas. Em pé do outro lado do vidro, olhando o céu bater na terra como um irmão brincalhão.

Mas, na realidade, muitas vezes as expressões idiomáticas relacionadas à casa e suas variações significam o oposto de segurança e proteção. Se algo é um castelo de cartas, é incerto e pode se desfazer com facilidade. Se as paredes têm ouvidos, nossas informações estão vulneráveis. Não lançamos pedras num telhado de vidro porque a casa é construída com hipocrisia e pode se estilhaçar a qualquer momento. Todas são expressões de fraqueza, da inevitabilidade do fracasso.

"Sentir-se em casa" se torna uma expressão mais próxima de "a casa sempre ganha". Em vez de apontar para uma estrutura compartilhada que oferece abrigo, significa que a pessoa que manda na casa está protegida; todas as outras estão correndo risco.

# *Casa dos Sonhos como* alerta

Alguns meses antes de sua namorada se tornar a Mulher da Casa dos Sonhos, uma jovem graduanda de classe alta, loira e baixinha chamada Lauren Spierer foi dada como desaparecida em Bloomington. Os pais da mulher da Casa dos Sonhos ficaram encolerizados; ela não estava mais na graduação, mas era jovem e de classe alta, pequenina e loira e, portanto, um alvo em potencial para qualquer que fosse o monstro que tinha levado Lauren deste mundo.

(Anos depois, você descobriu que outra garota havia desaparecido no mesmo período. Ao contrário de Lauren, ela não vinha de uma família rica. Seu nome era Crystal Grubb. A família fez de tudo para chamar a atenção das pessoas; depois de um tempo, encontraram-na morta, estrangulada, numa plantação. Não é nenhum absurdo dizer que o mundo considera algumas pessoas mais valiosas do que outras.)

Vocês duas passaram aqueles primeiros meses terrivelmente conscientes da não presença de Lauren. Placas imensas foram espalhadas pela cidade; nelas, o rosto da garota aparecia inclinado, os óculos de sol encarrapitados no cabelo. Toda vez que saíam de casa, vocês pensavam em Lauren, vista pela última vez andando pela rua sem sapato naquela noite úmida de junho. Aonde ela estava indo? Do que se afastava?

# *Casa dos Sonhos como* apetite

Você comete um erro logo no início, embora ainda não saiba disso. Você confessa a ela que vive nutrindo paixonites irrelevantes por várias das pessoas que conhece. Nada que tente concretizar; é só que você acha várias pessoas interessantes e gosta de viver rodeada de figuras inteligentes e engraçadas, e o resultado é uma coisa grudenta e bonita, um meio do caminho entre *philia* e *eros*. Você é assim desde que se conhece por gente. E sempre achou que essa sua idiossincrasia fosse só isso, uma idiossincrasia, e ela dá risada e diz que acha uma graça.

Ao longo do relacionamento de vocês, ela te acusará de ter trepado, ou de querer trepar, ou de planejar trepar com as seguintes pessoas: sua colega de casa, a namorada da sua colega de casa, dezenas de amigos seus, a turma do workshop de escrita da Clarion — que você ainda não chegou a conhecer —, uma dezena de amigos dela, não poucos colegas dela em Indiana, a ex-namorada dela, seus ex-namorados, vários dos seus professores, o diretor do seu mestrado em Belas-Artes, vários dos seus alunos, um dos seus médicos e — no que talvez seja o momento mais absurdo desse exercício — o pai dela. E também uma incontável ladainha de pessoas desconhecidas: pessoas que passam no metrô e no café, garçons e garçonetes dos restaurantes, vendedores e caixas de supermercado, bibliotecárias, bilheteiros, zeladores, frequentadores de museus e gente que dorme na praia.

O problema é que, para ela, toda negação soa como uma confissão, então o ônus da prova recai sobre você. Para mostrar que você não andou trepando com essas pessoas, você se aprimora na arte de fazer pesquisas no seu celular para oferecer provas de que não esteve em contato com ninguém. Você para de falar de uma aluna que tem muito potencial, porque ela não tira da cabeça que você está apaixonada por uma menina de dezenove anos que acabou de aprender a distinguir como se narra uma exposição e uma cena.

Um dia, enquanto ela esfrega o dedo no seu clitóris e você fecha os olhos de prazer, ela agarra seu rosto e o vira para si. Ela chega tão perto que você sente uma coisa azeda no hálito dela. "Você está pensando em quem", ela diz. A frase é estruturada como uma pergunta, mas não é uma pergunta. Sua boca se mexe, mas nada sai, e ela aperta seu maxilar com um pouco mais de força. "Olha pra mim quando eu te como", ela diz. Você finge que goza.

# *Casa dos Sonhos como* santuário

Penso muito na ideia da posse de uma casa. Não tenho casa própria, por enquanto, mas penso em como é especial para as crianças terem seus quartos; na indispensável sacralidade do espaço privado (do corpo, da mente). Pelo que meus amigos dizem, sou uma típica canceriana nesse aspecto: adoro fazer ninho, me apropriar dos espaços.

Eu tinha um quarto só meu quando era pequena, mas minha mãe fazia questão de esclarecer que não era *meu quarto*, era o *quarto dela*, e eu apenas tinha permissão para ocupá-lo. O que ela queria dizer era, claro, que meus pais tinham conquistado tudo e que eu estava apenas pegando aquele espaço emprestado, e, embora tecnicamente isso fosse verdade, nunca deixo de me impressionar com o dano extraordinário que acompanha esta ideia sombria: de que na infância minha existência era um tipo de dívida e que nada, por menor que fosse, era meu. De que nenhum lugar era privado de verdade; de que tudo que era meu poderia ser confiscado se outra pessoa assim decidisse.

Uma vez, precisando de um pouco de espaço depois de uma

das brigas dos meus pais, tranquei a porta do meu quarto. Minha mãe fez meu pai arrancar a fechadura. E, apesar de ter certeza de que eles se lembram desse momento horripilante de maneira muito diferente, eu só consigo me lembrar de sentir um frio no corpo inteiro enquanto a maçaneta — uma maquininha perfeita que fazia seu trabalho com uma diligência imparcial — se deslocava da sua casa e os parafusos caíam no chão. A coroa de luz do dia que surgiu quando ela pendeu para um lado. Em como, quando caiu, percebi que eram duas peças, uma coisa tão pequenina que mantinha a porta do meu quarto fechada.

Naquele momento tive sorte, porque a desconstrução da minha porta foi uma violação de privacidade e autonomia, mas não um risco à minha segurança. Quando abriram a porta, nada aconteceu. Era só um lembrete: nada, nem mesmo as quatro paredes que cercavam meu corpo, era meu.

# *Casa dos Sonhos como* casa em Iowa

No Halloween, ela te visita em Iowa City e decide que vai ser uma Dalek. Ao saber disso você fica confusa, e muito, porque ela costuma fazer pouco da cultura nerd, sobretudo das coisas que são levadas mais a sério, por motivos que nunca ficam exatamente claros. Ela nunca viu um único episódio de *Doctor Who*. Quando você conta que vai ser um Anjo Lamentador (você encontrou a fantasia perfeita num brechó da igreja menonita; uma túnica grega etérea e drapeada num tom de azul-bebê quase branco), tem que explicar a ela quem são esses vilões. Mas ela quer ser uma Dalek, e quer fazer a fantasia sozinha; quando chega à cidade, ela começa a comprar os componentes. O resultado não é ruim. Ela recorta caixas de papelão e corta bolas de isopor de papelaria ao meio para chegar ao estilo característico dos Dalek. Ela compra tinta spray dourada. Seu porão fica cheio de spray.

Na noite da festa de Halloween, sua namorada insiste em fazer um jantar mais sofisticado — filés de atum levemente selados dos lados. Risoto de abóbora. A fantasia dela não está pronta — a tinta spray acabou de secar, e falta colar as partes de isopor ao torso. Quando você tenta apressá-la com delicadeza, ela te dá uma patada, então você começa a vestir sua fantasia: a túnica, um par de asas pintadas, e maquiagem azul e branca no rosto, peito e braços. Essa última parte demora muito mais do que você previa — será que você subestimou a área da superfície dos seres humanos em geral, ou do seu corpo em particular? Você fica em frente ao espelho espalhando cores no rosto enquanto ela arremessa coisas e anda de um lado a outro pela casa, furiosa porque a fantasia dela não ficou pronta. De quando em quando, você rosna para o espelho.

Ela faz perguntas, aos berros, toda vez que passa pela porta do banheiro. Por que você insistiu em comer atum no jantar? (Você não insistiu.) Por que você deixou que ela fosse uma Dalek ridícula? (Você não responde.) Que porra é essa sua fantasia, mesmo? (Uma antiga força vital alienígena que se disfarça como uma estátua de um anjo chorando. Eles fazem suas vítimas voltarem no tempo e se alimentam da potencial energia da vida que deixa de ser vivida no presente. Uma não morte horrível.)

"Uma o quê?"

"Uma estátua", você diz. "Só uma estátua."*

A caminho da festa, a noite está quase perfeita: um pouquinho fria, o ar fumacento e leve, o vaivém das folhas de outono pelo seu caminho. Vocês chegam tão tarde que já deixou de ser o momento para fazer uma entrada triunfal, e o clima da festa já começou a ficar mais assustador, mais pesado. Vocês passam

---

* Thompson, *Motif-Index of Folk-Literature*, Tipo C961.2, Transformação em pedra pela quebra de um tabu.

por uma amiga que misturou álcool com alguma outra coisa, e quando você dá oi ela te encara com o olhar perdido mais vazio que você já viu na vida.

As pessoas não param de perguntar o que você é. Você sorri e leva as mãos aos olhos, a pose clássica dos Anjos Lamentadores. Ninguém capta a referência. "O que ela é?", alguém pergunta, apontando para a sua namorada.

"Uma Dalek."

"O que é isso?"

"Os aliens mais malvados do universo de *Doctor Who*. Eles cometeram genocídio contra os Senhores do Tempo, e os Senhores do Tempo, contra eles. Em resumo, eles se destruíram."

Você com certeza é a pessoa mais sem graça que já passou por esse programa de mestrado em Belas-Artes.

A mulher da Casa dos Sonhos, como Dalek, mal consegue andar pela multidão. As pessoas não param de esbarrar na fantasia dela.* Você quer contar uma piada — "Comece a gritar 'Exter-

---

* Num Halloween do ensino fundamental, você foi fantasiada de chiclete, com uma roupa que você mesma fez usando papelão, papel-alumínio e tinta rosa-choque, com buracos para os braços e o rosto. Suas bochechas pareciam seladas hermeticamente no buraco do rosto, que era um pouco pequeno e lembrava aqueles painéis nos quais as crianças enfiavam a cabeça para tirar foto nas atrações turísticas. Você escreveu os dizeres SABOR ORIGINAL com tinta no sentido vertical ao longo do torso. Era uma fantasia maravilhosa, enorme e engraçada, mas quando entrou no ônibus você percebeu que não conseguia se sentar com ela, e foi obrigada a ficar ajoelhada no chão. Você passou o dia inteiro assistindo às aulas de joelhos, e seus professores tiveram o bom senso de não dizer nada. No almoço, as crianças ficaram batendo na parte de trás da fantasia, mas, quando você se virava — com muita dificuldade —, não conseguia ver quem era. Durante a última aula do dia, a caminho do banheiro, uma professora que você nunca tinha visto te parou no corredor. "Parabéns", ela disse. "Você venceu o concurso de melhor fantasia!" Ela te deu um bloquinho de ingressos de cinema. Você ficou contente, embora não soubesse que havia um concurso. Ganhar fez tudo valer a pena.

minar'! Todo mundo vai sair da frente!" —, mas ela não ia entender. Você observa enquanto ela bebe um drinque atrás do outro.

Depois de uma hora, ela vai embora a pé, bêbada e furiosa. Você a segue por vários quarteirões, vendo-a cambalear de longe, sem saber direito o que fazer, porque você está com as chaves de casa. Ela está com um escorredor de macarrão na cabeça, parece uma conspiracionista — um chapéu de papel-alumínio de verdade. Antes você estava brava com ela, mas há uma certa ternura, uma certa vulnerabilidade numa mulher adulta vestindo uma fantasia caindo aos pedaços que foi inspirada num personagem de um programa a que ela não assiste, tropeçando de volta para casa numa fúria de embriaguez. Um dia isso ainda vai dar uma boa história, você pensa.

Um graduando chapado passa por vocês. "Um fantasma!", ele diz, arregalando os olhos. "Um fantasma!"* Ele tenta te agarrar. Você manda o cara se foder e sai de perto dele, e, ao contrário daquela vez em Savannah, ela não aparece para te salvar.

Quando você chega à casa, ela está chutando a porta. As partes da fantasia de Dalek estão caindo na grama. Você se aproxima dela. "Estou com a chave", você diz, exausta. Ela leva um susto e começa a gritar. "Pra que me assustar desse jeito? O que te deu na cabeça, caralho?"

Ela ainda está berrando quando vocês entram na casa. "Por que você quis fazer um jantar tão chique?", ela diz. "Você ferrou com tudo, você só fez merda a noite inteira. A gente só tem esse fim de semana juntas e você ferrou com tudo." Ela continua gritando quando você começa o processo trabalhoso de limpar seu rosto, e

---

* Thompson, *Motif-Index of Folk-Literature*, Tipo C462, Tabu: rir ao ver um fantasma.

pedaços da sua pele ressurgem debaixo da maquiagem. "Que porra é essa sua fantasia?" Ela continua gritando enquanto você fica em pé no chuveiro, com a tinta de cabelo temporária rodopiando cremosa para dentro do ralo. Ela continua gritando enquanto você veste o pijama. Na cama, ela diz "quero transar", e você diz "quem sabe amanhã" e enfia o rosto no travesseiro. Ou melhor, quem sabe no próximo Halloween.

# *Casa dos Sonhos como* perdas de tradução

Como interpretar sua frieza: ela está preocupada. Ela está insatisfeita. Está insatisfeita com você. Você fez alguma coisa e agora ela está insatisfeita, e você precisa descobrir o que é para que ela não fique mais insatisfeita. Você fala com ela. Você é clara. Você acha que é clara. Você fala o que está pensando e o faz depois de pensar muito, mas, ainda assim, quando ela repete o que você disse, nada faz sentido. Você disse isso? Sério? Você não se lembra de ter dito isso, nem de ter pensado isso, e ainda assim ela está te informando que isso foi dito, e que sem dúvida foi isso o que você quis dizer.

## *Casa dos Sonhos como* rio Lete

No fim daquele outono, ela te convida para ir com ela ao jogo de futebol em que Harvard enfrenta Yale. É uma das tradições favoritas da sua namorada, e ela foi de avião até lá especialmente para a ocasião, mas precisa voltar para Indiana antes do esperado. "Se você for de carro, pode me trazer de volta", ela diz. Você vai de carro de Iowa até Connecticut para encontrá-la.

E assim, depois de um dia de temperaturas outonais e golinhos num frasco de uísque e pessoas de casaco de pele e garrafas de espumante caro rolando pelo chão como se fossem latas de Budweiser, você dorme feito uma pedra numa cama de hotel desconfortável. Na tarde seguinte — depois de atrasos e um brunch com as amigas dela e mais atrasos —, vocês se arrumam para ir embora. Ela dirige muito mal — nada mudou desde aquela primeira viagem para Savannah —, então você se senta no banco do motorista do seu carro sem perguntar antes.

Vocês se afastam de New Haven alternando entre rádio, conversa e silêncio. Passam por Connecticut e Nova York. Na Pensilvânia, anoitece mais cedo e a chuva envirniza o asfalto. Em algum ponto da extensão infinita e acidentada desse estado, o estado em que você cresceu, ela para de falar no meio da frase.

"Por que você não quer me deixar dirigir?", ela pergunta. Ela fala com uma voz controlada, calculada, como um cachorro que acabou de espetar o rabo; não há nada acontecendo, mas há alguma coisa errada.

"Pra mim, tudo bem dirigir", você diz, o pavor se acumulando entre suas omoplatas.

"Você está cansada", ela diz. "Está cansada demais pra dirigir."

"Não estou", você diz, e não está mesmo.

"Você está cansada demais, vai acabar matando a gente", ela diz. O tom de voz dela continua o mesmo. "Você me odeia. Você quer que eu morra."

"Não te odeio", você diz. "Não quero que você morra."

"Você me odeia", ela diz, e a voz dela sobe meia oitava a cada sílaba. "Você vai matar a gente e não está nem aí, sua vagabunda egoísta."

"Eu…"

"Sua vagabunda egoísta." Ela começa a socar o painel do carro. "Sua vagabunda egoísta, sua vagabunda egoísta, sua vagabunda…"

Você pega a próxima saída e para num posto de gasolina. Ela escancara a porta do passageiro antes mesmo de o carro parar e fica andando pelo estacionamento como um garoto adolescente que está tentando se controlar para não dar um soco numa parede. Você fica sentada no banco do motorista, olhando-a andar de um lado para o outro. A vontade de chorar existe, mas está muito distante, como se você estivesse drogada. Quando ela começa a andar de volta para o carro, sem tirar os olhos do seu rosto, você se apressa para desafivelar o cinto de segurança e corre para o banco do passageiro. Você não quer que ela vá embora sem você, e acha que ela seria capaz de fazer isso.

Depois, as montanhas úmidas e escuras passam a emoldurar o caminho. Você se lembra de atravessar a Pensilvânia perto do Natal do ano anterior e de ver caminhões tombados no acostamento dessas mesmas estradas, dos motores chamuscados. E carros também, parados na lateral da rodovia, pegando fogo como se não fosse normal. Ela dirige a 120, 140 quilômetros por hora, e você precisa desviar os olhos do ponteiro que sobe cada vez mais. As sombras dos veados passam diante de vocês, atravessando cortinas de chuva. Eu vou morrer, você pensa. Você reza para que um guarda as detenha, procurando no espelho as luzes azuis e vermelhas que nunca aparecem. Você segura firme a porta quando ela acelera, e quando o carro se precipita levíssimo por sobre um dos montes. "Pare com isso", ela diz, e corre ainda mais. "Durma", ela ordena, mas você não consegue dormir.

É meia-noite.* Vocês entram em Ohio, um estado pelo qual você sempre achou um grande saco passar de carro, mas agora a adrenalina — que cedo ou tarde vai se esvair, embora ainda não tenha acontecido — faz suas mãos tremerem no colo. Vocês passam por animais mortos às dúzias: guaxinins que pneus em alta velocidade estouraram ao meio, veados cujos corpos musculosos ficaram contorcidos como o corpo de um dançarino que caiu.

A chuva diminui, depois para, e vocês chegam a Indiana.

No último trecho da viagem, quando ela sai da rodovia principal e pega uma estrada vicinal de pista simples ao sul de Bloomington, o carro começa a pender para a esquerda, encostando na linha dupla, passando por cima dela, e depois para a direita, e a porta não raspa numa cerca de metal por muito pouco. Quando

---

* Thompson, *Motif-Index of Folk-Literature*, Tipo C752.1, Tabu: atividade depois do pôr do sol (anoitecer).

você olha, ela está com a nuca encostada no apoio de cabeça, de olhos fechados. Você berra o nome dela e o carro se endireita.

"Agora é você quem está muito cansada", você diz. "Você está dormindo. Por favor, me deixa dirigir nesse final. Estamos quase chegando." Você nunca esteve tão acordada.

"Estou ótima", ela diz. "Eu mando no meu corpo. Ele faz tudo que eu quero."

"Por favor, para o carro."

Ela faz bico, mas não diz mais nada e não para o carro. De quando em quando, o carro dá uma guinada bêbada. Vocês passam por um outdoor que pergunta se você sabe para onde iria após a morte. De dia, à luz do sol, esse tipo de chantagem emocional faria que você revirasse os olhos. Mas agora ela te atinge, porque dialoga com um velho medo de infância, e você solta um gemido de medo, depois tenta reprimi-lo quando é tarde demais.

Quando vocês chegaram a Bloomington — quando você a ajudou a encontrar a Casa dos Sonhos —, o lugar era absurdamente claro. Era fim de primavera, e as árvores estavam elétricas, com um tom de verde néon novíssimo. Agora as folhas queimam em vermelho e laranja, e as marrons caem rodopiando dos galhos. A estação está quase morrendo e vocês também vão morrer, você tem certeza, hoje à noite.

O carro vira na entrada da casa por volta de quatro da manhã e fica ali, em silêncio. Você sente que vai vomitar. As folhas caem na lataria do carro e o vento as leva para longe com um ruído de papel raspando. Finalmente ela estende o braço para desafivelar o cinto, mas você continua olhando a grama. Duas silhuetas escuras estão atravessando o quintal, parecidas com cães, mas não são cães. Coiotes? Seria uma bela visão a qualquer momento, mas, em contraste com os terrores dessa noite, é tão linda que você sente o rosto formigar.

"Olha", você diz baixinho, apontando o dedo.

Ela leva um susto, como se você tivesse batido nela. Então ela vê o que você vê. Você espera o murmúrio dela, a doçura dela. "Vai se foder", ela diz. Ela se aproxima de você e fala dentro do seu ouvido. "Você me vem com 'olha' sem dizer mais porra nenhuma, eu penso que você está apontando para alguém que vai matar a gente, caralho. No meio da noite. Que merda você tem na cabeça?" Ela abre a porta do carro com um chute; os coiotes disparam em direção às árvores. Você observa enquanto ela sai pisando duro pela Casa dos Sonhos. A silhueta dela se projeta contra uma série de janelas iluminadas — cozinha, banheiro, quarto — e de repente todas as luzes se apagam.

Você sai do carro e se senta, apoiada na fachada da casa, vestindo seu casaco ao contrário como uma bata. Os coiotes reaparecem, depois de um tempo, trotando tranquilos pelo gramado. Corças também, e raposas, e nenhum dá a mínima para você, como se você fizesse parte da paisagem, como se nem estivesse ali.

Você também poderia ir dormir. Ou poderia sentar na cozinha e ver a cena por trás do vidro da janela. Mas isso, você pensa, seria como pôr essa noite num museu — distanciada, esquecida antes da hora. Não tente passar por cima disso, você pensa. Não esqueça que isso está acontecendo. Amanhã é provável que você não queira mais pensar nisso. Mas, agora, tente se lembrar.

Sua bunda fica dormente na grama. Diante do gramado, a vida selvagem se revela como numa peça de teatro. Seu carrinho, audaz como uma égua de corrida parada, quieta e brilhante, na entrada, enfim esfriando depois da longa viagem que fez. Dos seus lugares nas árvores, os pássaros piam o Código Morse do começo da manhã. Um bando de estudantes bêbados se amontoa no topo do monte que faz fronteira com o campo de golfe e fica lá te olhando — quiçá pensando que você é um fantasma — antes de descer para a rua, vacilando. "Andando e sonhando com a América perdida de amor", Allen Ginsberg escreveu, "passaremos por automóveis azuis no estacionamento a caminho de nosso solitário refúgio?"*

E da mesma forma que nossa mão se vira mais rápido quando a porta está prestes a se abrir, a noite pré-aurora acelera um pouco logo antes de o dia nascer. E, embora você não fosse se libertar dela até o próximo solstício de verão, embora fosse viver ao lado dela o momento em que a estação se precipitaria rumo à escuridão, nessa manhã a luz se infiltra no céu e você está presente de corpo e mente, e você não esquece.

Pela manhã, a mulher que te fez adoecer de medo faz café, brinca com você e te beija, e te faz cafuné como se nada tivesse acontecido. E, como se você tivesse dormido, mais um novo dia começa.

---

* Trecho do poema "Um supermercado da Califórnia", com tradução de Leonardo Fróes. (N. T.)

# *Casa dos Sonhos como* thriller de espionagem

Ninguém sabe seu segredo. Tudo o que você faz (passar o dedão pelo maxilar procurando pelos loiros e pontudos, fechar o zíper de uma bota dura, girar um copo de vidro alto ao redor de uma esponja molhada, dar um tapinha numa impressora quente que fede a toner, brandir uma garrafa preta de vinho na soleira de uma porta, sacudir uma camiseta suada contra seu peito quando a esteira da academia desacelera, abrir uma carteira para pagar os brócolis e os lenços, dar as costas para uma fogueira, cruzar os braços sobre os seios na frente da classe, encher folhas de anotações enquanto os outros conversam, rir sua gargalhada meio cacarejada que sempre chama atenção) parece se intensificar pelo que você sabe e eles — todos aqueles cidadãos comuns — não sabem.

# *Casa dos Sonhos como* chalé em Washington

Muitos anos depois, escrevi parte deste livro num chalé numa ilha ao largo da costa do estado de Washington. Se eu pudesse escolher uma palavra para descrever a ilha, ela seria: *molhada*. Ou quem sabe: *elementar*. Caramujos lisos e carnudos abarrotavam a grama, o caminho, minha varanda. Quando caminhava até o mar, eu observava os falcões mergulhando e tirando peixes trêmulos da água. Quando atravessei uma lagoa de água salgada, nuvens de mosquitos me seguiram como se eu fosse a rainha dos condenados. À noite, eu dormia com as janelas abertas e ouvia tantas criaturas: corujas, sapos e, uma vez, alguma coisa que soava como um assobio. Certa ocasião, peguei um caramujo para vê-lo de perto e o derrubei sem querer. Quando o peguei de novo, a concha estava rachada e uma espuma branca saía fervilhando do local do ferimento. Fiquei horrorizada com a monstruosidade do meu erro — a pura e desenfreada irresponsabilidade do meu erro. Eu tinha feito de tudo para chegar a essa ilha e escrever um livro sobre o sofrimento, e você causou um mal terrível a uma criatura que morava na ilha e não prejudicava ninguém.

\* \* \*

Certo dia, eu estava papeando com uma colega escritora enquanto olhávamos para o monte Rainier quando ouvimos um grito de pavor. Paramos de falar e olhamos uma para a outra; quando aconteceu de novo, corremos para a floresta, gritando os nomes dos outros colegas. A não ser pela nossa respiração ofegante, só havia silêncio. "Talvez tenha sido algum bicho?", eu disse, embora duvidasse.

Na véspera do dia em que todos iriam embora, estávamos todos ao redor de uma fogueira quando ouvimos de novo — três uivos que se elevaram num crescendo e se transformaram no som inconfundível que era o grito de uma mulher. Levamos um susto, depois chegamos à conclusão de que só podia ter sido um bicho, um lince, sei lá. Mas isso não reprimiu o arrepio que acompanhava aquele som, o som inegável e sofrido do medo.

# *Casa dos Sonhos como* Thornton Square, número 9

Antes de ser verbo, *gaslight* era um substantivo da língua inglesa. Uma lâmpada a gás. Então houve uma peça chamada *Angel Street* em 1938, e depois um filme, *Gaslight* [*À meia-luz*, no Brasil], em 1940, e depois um segundo filme em 1944, dirigido por George Cukor, que apresentou uma performance icônica, desgrenhada e reveladora de Ingrid Bergman.

Uma mulher vê sua sanidade erodida por seu marido ardiloso, que muda objetos — um broche, um quadro, uma carta — de lugar num esforço para fazê-la acreditar que está louca, porque assim poderá mandá-la para uma instituição. Por fim, seu plano vem à tona: ele havia matado a tia da mulher quando ela ainda era criança e, anos depois, orquestrado o rápido romance dos dois para conseguir voltar à casa e encontrar joias que estavam perdidas. Noite após noite, Gregory — interpretado pelo melífluo e carismático Charles Boyer — faz suas incursões pelo sótão, sem que a esposa saiba, para procurá-las. As lâmpadas a gás do título são um dos muitos motivos pelos quais a própria heroína acredita que de fato está enlouquecendo — elas oscilam como se o gás fosse ligado em outro cômodo da casa, mesmo quando supostamente não haveria ninguém lá.

A Paula de Bergman é um desastre, e seus comportamentos se retroalimentam: à medida que se convence que está desmemoriada, frágil, e enfim louca, ela se torna cada vez mais instável. A violência psicológica desfaz tudo o que ela é: Paula começa radiante, depois se torna histérica, e depois completamente atormentada. No fim da história ela é uma casca vazia que paira como um espectro por sua residência suntuosa em Londres. Ele não a tranca em seu quarto ou na casa. Não precisa. Ela mesma transforma sua mente numa prisão.

Assistindo ao filme, você se compadece por Paula, mesmo que ela não seja real: seu sofrimento é capturado em celuloide. Você o revê tantas vezes no escuro: admirando os planos tétricos das respectivas sombras de ambos contra a decoração e os móveis vitorianos de luxo, parando para olhar as expressões de derrota dela, sua comoção, sua boca úmida e trêmula.

Ingrid Bergman é uma mulher enorme, alta e robusta, mas nesse filme ela aparece desgastada, diminuída. Gregory faz com que Paula se desmantele em público durante um concerto; mais tarde, ele faz o mesmo na casa deles, tendo apenas as duas empregadas do casal como testemunhas. Toda audiência é merecedora de sua degradação. "Não me humilhe na frente dos empregados", Paula choraminga. Mas, mesmo que eles não tivessem vindo e visto o que tinham visto, nós teríamos. Ela poderia muito bem ter dito: "Não me humilhe na frente da audiência". Porque, seja como for, nós — empregados, espectadores — somos testemunhas impotentes.

Pessoas que nunca assistiram a *Gaslight*, ou que apenas leram descrições do filme, costumam dizer que tudo o que Gregory queria — o motivo que o leva a "fazer as lâmpadas tremeluzirem"

— era levar Paula à loucura, como se isso desse conta de todos os seus desejos. Esse é um dos aspectos mais incompreendidos da história. Na verdade, as ações de Gregory têm uma motivação extremamente compreensível: a necessidade de procurar as joias sem que a presença de Paula seja um entrave. As lâmpadas a gás que oscilam são um efeito colateral desse propósito, e mesmo suas maquinações que buscam enlouquecer Paula de propósito têm esse objetivo bastante coerente em vista. E, ainda assim, há um inegável ar de prazer por trás de sua manipulação. Vemos com clareza as microexpressões que atravessam seu rosto enquanto ele improvisa, atormenta, conspira. Ele junta o útil ao agradável, e se satisfaz duplamente.

Em outras palavras, as motivações dele não são inexplicáveis. Elas são, na verdade, insuportavelmente pragmáticas — guiadas pela ganância, potencializadas por um desejo de controle e marcadas por um instinto felino de brincar com a presa. Isso nos lembra de que abusadores não precisam ser, e raramente são, maníacos de loucas gargalhadas. Basta que eles queiram alguma coisa e estejam dispostos a consegui-la a qualquer custo.

# *Casa dos Sonhos como* ciclo

Cukor ficou conhecido pelo hábito de atormentar suas atrizes para arrancar performances "reais". Um biógrafo escreveu que Cukor "parecia quase se deliciar em levar (Judy) Garland ao limite nas cenas em que ela precisava expor suas emoções. [...] (Ele a fazia pensar em) sua infância infeliz [...], momentos ruins de sua carreira, seus problemas conjugais [...] e sua insegurança crônica". A pessoa responsável pela maquiagem do filme *Nasce uma estrela* disse: "Ele sabia magoar as mulheres, e usou essa habilidade inúmeras vezes para deixá-las à flor da pele antes de cenas em que deveriam chorar". Durante as gravações de uma cena icônica, em que a personagem de Garland, a atriz Esther Blodgett, tem uma crise nervosa diante de um executivo do estúdio, "Cukor deixou Garland tão alterada antes da cena que ela passou mal e começou a vomitar", o biógrafo escreveu. "Talvez ele tenha sido muito rígido com Garland... mas havia um motivo."

Nessa cena, Esther está em seu camarim entre um take e outro. Está usando um chapéu de palha exagerado, maquiagem pesada nos olhos e um casaquinho vermelho-cereja que combina com seu batom. Pintaram sardas grandes demais em suas bochechas. O cômodo a seu redor é repleto de reflexos: cristais, espelhos, superfícies cromadas; papel celofane rosa e prata em volta de um buquê de flores brancas. Quando Oliver Niles pergunta por seu marido — um alcoólatra que vai de mal a pior —, a alegria despenca de seu rosto como uma pessoa que pega no sono. Ela se levanta, enrola um pouco, e em seguida senta-se novamente para falar. Ela treme, gagueja e solta suspiros curtos e sentidos entre as frases, joga a cabeça para trás para segurar as lágrimas. Seus olhos correm pelo entorno e nunca se fixam em lugar nenhum, exceto, de quando em quando, num ponto atrás da câmera. Ela chora sem se segurar. E leva a mão à boca, como se acabasse de perceber algo que não quer admitir. Ela esfrega as mãos na bochecha com força, apagando as sardas. "Não importa o quanto você ama alguém", ela conclui, com a voz encharcada de angústia e resignação, "como você sobrevive ao passar dos dias?"

A cena é aflitiva, devastadora e extremamente eficaz. Não fosse meu desconforto moral em relação aos pormenores de sua criação, seria difícil questionar o resultado: uma personagem que, como a Paula de *Gaslight*, de fato parece estar à beira de um colapso agudo (e, ao contrário de *Gaslight*, com uma atriz que não está muito longe disso). Quando a gravação chegou ao fim e Cukor conseguiu o que queria, "o clima voltou a ser de gentileza e bom humor". Ele a pegou pelo ombro e disse: "Judy, Marjorie Main não teria feito melhor".

Perto do fim da cena, Esther retoca suas sardas, se recompõe e volta ao set de filmagem. Lá, diante de tantas pessoas, ela recomeça de onde tinha parado — de braços abertos, cantando.

# *Casa dos Sonhos como* lição errada

Quando a MGM produziu a versão de 1944 de *Gaslight*, aquela que ganhou o Oscar, não criou apenas um *remake*. O estúdio comprou os direitos do filme de 1940, "queimou os negativos e se dedicou a destruir todas as cópias restantes". Não conseguiram, é claro — o primeiro filme sobreviveu. Ainda podemos vê-lo. Mas como é estranho, e que mão pesada. Eles não quiseram apenas reinventar o filme; quiseram eliminar qualquer vestígio da existência do primeiro.

# *Casa dos Sonhos como* déjà-vu

Ela diz que te ama. Ela diz que vê suas características sutis, indizíveis. Ela diz que você é a única pessoa que combina com ela no mundo inteiro. Ela diz que confia em você. Ela diz que quer te proteger. Ela diz que quer ficar velhinha do seu lado. Ela diz que te acha linda. Ela diz que te acha sexy. Às vezes, quando você olha o celular, descobre que ela te mandou alguma coisa estranhamente confusa e sente uma fisgada de ansiedade no peito. Às vezes, quando percebe que ela está te olhando, você se sente a pessoa mais acossada do mundo.

# *Casa dos Sonhos como* apartamento na Filadélfia

Muitos anos depois, escrevi parte deste livro no meu apartamento no oeste da Filadélfia, onde moro com minha esposa. Antes de nos mudarmos para cá, estávamos morando num prédio horrível e escuro perto daqui. Havia ratos e baratas. Tivemos que instalar ratoeiras. Um dia, de manhã, saí do quarto para fazer café e encontrei um rato esparramado numa daquelas ratoeiras com cola, parecendo um aventureiro com metade do corpo derretido por ácido em algum templo proibido. Ele deu um gritinho horrível. Joguei "o que fazer com um rato numa ratoeira de cola" no Google e encontrei um artigo com dicas. De pijama, saí lá fora com o rato e a ratoeira num saco plástico e pisei no saco com toda a força que consegui, depois joguei tudo na caçamba de lixo.

Já as baratas fizeram com que eu me sentisse à beira da loucura e da transcendência, como G. H. e sua paixão. No começo eu era meticulosa e pegava pedaços de papel toalha para esmagá-las com asseio enquanto se lançavam pela cozinha. Aí, um dia, elas começaram a andar por dentro do relógio digital do micro-ondas, e eu conseguia ver suas silhuetas. As ninfas trocavam de pele contra o brilho, deixavam parte de si para trás. Depois desenvolvi o pragmatismo distanciado que julgava caber apenas aos assassinos profissionais dos filmes. Passei a matá-las com as mãos.

# *Casa dos Sonhos como* falácia antropomórfica

Ela, a mulher da Casa dos Sonhos, sempre comprou muitos produtos de hortifrúti. Você nunca conseguiu entender por que ela enchia a geladeira — todas as prateleiras transbordando folhagens verdes, talos robustos, raízes grossas e bulbos rotundos, as linhas claras e modernas do eletrodoméstico completamente escondidas. Havia algo sensual nesse processo, algo quase erótico, pelo menos até tudo começar a estragar. Toda vez que você abria a geladeira, o cheiro era cada vez mais o de um jardim (terra, chuva, vida), depois era o de um lixão, e depois, cedo ou tarde, o da morte.

Certa vez você disse isso a ela, mas ela fez aquela coisa de repetir o que você tinha dito algumas vezes, cada vez com um tom um pouco mais sarcástico até você pedir desculpas, mesmo que você nunca soubesse por que estava se desculpando. Era o dinheiro dela, de fato, e a geladeira dela. E a podridão dela.

## *Casa dos Sonhos como* o primeiro Dia de Ação de Graças

Você chega a Bloomington logo antes do feriado e só então descobre que ela convidou toda a tropa de colegas do mestrado para o Dia de Ação de Graças.* Você olha para ela, incrédula. "Todos eles?", você pergunta. Você conta o número de pessoas mentalmente.

"Mas você tem, tipo, duas cadeiras", você diz. "Só uma mesa pequena. Você não terminou de desfazer a mudança."

Ela não diz nada.

"Você falou que cada um tem que trazer um prato, né? Eles trazem os acompanhamentos e a gente só tem que fazer, sei lá, um peru?"

"Não", ela diz. "Não. Ia ser uma grosseria. A gente vai cuidar bem do pessoal."

"E quem vai cuidar da gente?", você diz. "Estou sem dinheiro."

"Que merda! Você só reclama!", ela diz.

---

* Thompson, *Motif-Index of Folk-Literature*, Tipo C745, Tabu: convidar desconhecidos à casa.

É assim que você acaba no supermercado às onze da noite, sozinha, enfiando comida no carrinho e tentando se lembrar de como chegou a esse lugar. Você paga tudo.

De volta à casa, você descobre que ela também tem poucas panelas, e descongela as galinhas caipira e rega cada uma com óleo, sal e pimenta, e num dado momento percebe que vai precisar cortá-las ao meio. Você não costuma ter frescura com carne, mas se pega quase desistindo quando pensa em esmagar as colunas vertebrais e pressionar as galinhas abertas e brilhosas contra o papel-alumínio.
"Me ajuda", você diz.
Ela tira a camiseta e o sutiã e corta as galinhas uma por uma com a tesoura de cozinha. As lâminas mordem e abrem as aves da coxa à garganta. O barulho é terrível. Lembra a vez que você esteve a três metros de distância de um leão na África do Sul e ele estava rasgando a perna de uma zebra com pele e tudo, e o lado homem das cavernas do seu cérebro começou a gritar CORRE CORRE CORRE.
Ela arranca as espinhas e vira as aves do avesso, pressionando-as na panela como livros abertos.
Você ainda está cozinhando quando as pessoas chegam, ainda está cozinhando enquanto as pessoas dão risada e usam pratos de papelão para comer em pé e quase não olham para você.

## *Casa dos Sonhos como* diagnóstico

Será que você deveria se preocupar? Você tem estado enjoada quase o tempo todo; qualquer movimento te deixa com náuseas.\* Você sente uma queimação por dentro, e cólicas, também; deve ser refluxo, e você torce para não ser câncer. Você começa a ter um tremor nos membros e uma sensação estranha de aperto no esôfago. Você chora sem motivo. Não consegue gozar, não consegue olhar nos olhos dela, não consegue se obrigar a ir a mais um bar. Você começa a sentir dor nas costas, e nos pés, e um médico te diz, sem rodeios, que você precisa perder peso. Você chora copiosamente e não entende a piada: o peso que você precisa perder são os cinquenta quilos da mulher loira que está sentada na sala de espera com uma cara irritada.

---

\* Thompson, *Motif-Index of Folk-Literature*, Tipo C940, Enfermidade ou fraqueza por quebrar o tabu.

# *Casa dos Sonhos como I Love Lucy*

Há um episódio de *I Love Lucy* no qual Lucy encontra Charles Boyer, o ator que interpretou o marido malvado em *Gaslight*. Com medo de que a louca paixão de Lucy por Boyer leve a algum plano atabalhoado e à inevitável catástrofe, Ricky convence Boyer a fingir ser outra pessoa. Boyer concorda e adota uma persona fictícia, mas (é claro) o caos se instala e, por fim, Lucy descobre que foi enganada.

Assistindo ao episódio, entendo o humor — o estilão afetado, as caras e bocas que Lucy faz para a câmera, as tramoias absurdas e as trapalhadas que definem a deliciosa comédia maluca da série. Mas, por trás de tudo isso, ele está dizendo *Não sou* quem ele é, e trata-se de um jogo, e ela tem certeza do que sabe, mas de repente não tem mais. *Não sou*; isso se torna uma piada, mas a piada depende da mentira.

"Que truque mais baixo!", ela diz, furiosa, quando descobre a verdade. Ricky ri, bonachão.

Até hoje, sinto mal-estar quando assisto a episódios de séries de TV que exploram identidades trocadas ou roubadas. Essa sensação de que a realidade não é confiável, e que acompanha o recurso cômico de forjar um mal-entendido quando alguém está certo, me causa incômodo. Quando assisti a esse episódio, só consegui pensar que espelhava de forma funesta a violência doméstica presente em *Gaslight*: ciúmes, vozes alteradas, ordens. "Esse é um assunto particular." "Você é minha, minha, toda minha." Tudo com o verniz da palhaçada, do distanciamento bem-humorado. Não é engraçado? É engraçado, sim! É engraçado demais! Podia ser engraçado! Um dia vai ser engraçado! Não vai?

## *Casa dos Sonhos como* musical

Você nunca percebeu que cantava muito até que ela diz para você parar de cantar.* Parece que você canta em todos os lugares: no chuveiro, lavando louça, trocando de roupa. Você canta números musicais, hinos religiosos e músicas antigas da sua infância (da igreja, da escola, do grupo de escoteiras). Você inventa músicas, também, com letras que narram o que estiver acontecendo no momento. Ela cantarola umas músicas no carro, mas só quando há música tocando. Você pede que ela cante para você, sem música, mas ela não canta.

Num raro momento de lucidez, você diz a ela, num tom espevitado, que, se ela não aceita sua cantoria, ela não aceita você. Era para ser uma piada, meio que uma piada, mas parece que não tem graça. "Talvez", ela diz, a voz fria até a medula.

* Thompson, *Motif-Index of Folk-Literature*, Tipo C481, Tabu: cantar.

# *Casa dos Sonhos como* conto admonitório

Num dia de semana, voltando da Casa dos Sonhos, você percebe que está quase sem gasolina assim que passa pela fronteira de Illinois e Iowa. Seu GPS diz que há um posto logo depois de uma saída erma e cheia de vento, e logo que a pega você sente que fez besteira. Tem jeito de ser uma longa estrada vicinal; só plantações pontuadas por celeiros e casas. Você continua dirigindo; sem dúvida um posto vai saltar da linha do horizonte. Mas, toda vez que você chega ao topo de um monte, você só vê mais estradas vicinais. Será que você devia voltar atrás? Talvez o posto esteja logo depois da próxima curva? A noite cai, e de repente a paisagem se achata e é engolida pela escuridão.

Você para o carro e consulta seu celular, mas está sem sinal. Você fica sentada, respirando fundo. O que seu pai diria? O que uma pessoa teria feito nessa situação antes de existirem celulares? Será que você devia sair andando? Será que você devia bater à porta de alguém? Você só quer chegar em casa.

Você está gritando há um minuto quando toma plena consciência disso. Está dando socos no volante — coitado do seu carro, tudo que fez até hoje foi para te atender — e berrando "merda, merda, merda". Você não sabe por que está chorando. Todo mundo se perde.

# *Casa dos Sonhos como* arrebatamento

Quando criança, você leu a série de livros Deixados para trás, e até assistiu àquele filme desconexo e desajeitado com Kirk Cameron. Suspenses de baixo orçamento com temas apocalípticos e valores bíblicos: seria possível que algo combinasse tanto com seu "eu" adolescente?

Você sempre foi fascinada pela ideia do Arrebatamento, apesar de sua família nunca ter frequentado o tipo de igreja que acredita nisso. Você achava inebriante. Ele podia chegar a qualquer momento. Ele podia chegar e pegar os que creem e levá-los embora, e você tinha que se preparar. Todo mundo tinha que estar trêmulo, preparado, exaltado, pronto para aquele momento. Você nunca podia relaxar nem baixar a guarda. Mas se ele viesse e você não passasse no teste — e Jesus conhecia os recônditos mais profundos do seu coração, você não podia mentir para ele —, você ficava pra trás, junto dos que não creem (segurando as roupas dobradas dos entes queridos que foram levados) enquanto o apocalipse destruía o mundo.

Então, um dia, você descobriu que essa palavra também podia significar "êxtase", e entendeu completamente: que é importante viver com um temor inabalável e um sorriso no rosto.

# *Casa dos Sonhos como* aula sobre o subjuntivo

Sim, há aranhas no porão, e, sim, o assoalho é tão desnivelado que você consegue sentir as tábuas empurrando sua perna direita em direção ao tronco quando corre muito rápido de um cômodo a outro, e, sim, ela nunca desfez toda a mudança e está usando caixas de papelão altas cheias de bugigangas como mobília, e, sim, o sofá é tão velho que você sente as molas nas costas, e, sim, ela quer plantar maconha no porão, e, sim, todos os cômodos contêm memórias ruins, mas, claro, vocês duas poderiam criar filhos lá.

# *Casa dos Sonhos como* fantasia

A fantasia, em minha opinião, é o clichê determinante da condição queer feminina. Não é à toa que fazemos piadas sobre lésbicas que decidem morar juntas no segundo encontro. Encontrar desejo, amor e prazer no dia a dia sem ter de aturar merda de homem é uma bela definição provisória do paraíso.

Na literatura da violência doméstica queer, faltam referências a esse* sonho** destruído,*** e isso se torna uma violação compa-

---

\* "Quando anoitece, durmo nos braços da minha companheira e sonho com um paraíso lésbico. E que pesadelo é abrir os olhos para a realidade do espancamento de lésbicas. Falar sobre isso parece um pesadelo, como uma neblina que dá um aperto no peito e um nó garganta. […] Celebrar nosso amor tão bem. É tão difícil ouvir que algumas de nós vivem não no paraíso, mas num inferno de medo e violência" (Lisa Shapiro, comentário em *Off Our Backs* [Das nossas costas], 1991).
\*\* De uma resenha de *Behind the Curtains* [Detrás das cortinas], uma peça de 1987 sobre abuso numa relação lésbica: "Ao escrever a peça [e] retratar tanto o prazer quanto a dor que há em nossas vidas, [Margaret Nash rejeita] a suposição quase automática de que as mulheres lésbicas conseguiram superar a sociedade na qual nasceram e, tendo dela saído, agora existem numa espécie de utopia mística" (Tracey MacDonald, *Off Our Backs*, 1987).
\*\*\* "Que riscos nossos sonhos de utopia sapatão correm se admitirmos a existên-

rável a um olho roxo, um pulso torcido. Mesmo o perene símbolo queer — o arco-íris — é um compromisso de não repetirmos o ato de suprema violência de um deus melindroso e raivoso: *Não vou inundar o mundo de novo. Foi só daquela vez, eu juro. Vocês confiam em mim?* (E, mais tarde, uma ameaça: da próxima vez, seus filhos da puta, será com fogo.) Reconhecer a insuficiência desse idealismo é quase tão doloroso quanto reconhecer que nesse aspecto somos iguais aos héteros: estamos na merda, igual a todo mundo. Toda essa fantasia é um ato de extremo otimismo, ou, se preferir, uma versão menos generosa, de extrema arrogância.

 Talvez isso mude algum dia. Talvez, quando a condição queer for uma coisa tão normal e tão aceita que se deparar com ela evoque menos a sensação de chegar ao paraíso e mais a sensação de assumir seu próprio corpo: imperfeito, mas seu.

---

cia dessa violência?" (Amy Edgington, de um relato sobre a primeira Conferência da Violência contra Lésbicas, realizada em Little Rock, Arkansas, em 1988).

# *Casa dos Sonhos como* inventário

Ela te obriga a dizer o que você tem de errado. É um hobby; é melhor até do que ela dizer o que você tem de errado. Anos depois, continua sendo uma mania difícil de largar.

Às vezes, você é uma esnobe incorrigível. Você privilegia inteligência e sagacidade a outras qualidades mais admiráveis das pessoas. Você detesta quando os outros falam bobagem. Você é convencida: acredita que é boa no que faz. É neurótica, ansiosa e egocêntrica. Fica impaciente quando não entendem as coisas tão rápido quanto você. Você já fez muita besteira porque estava com tesão — coisas constrangedoras, péssimas escolhas. Já se humilhou na frente das pessoas, e não foram poucas. Em segredo você quer ser homem, não por ter dúvidas sobre sua identidade de gênero, mas por querer que as pessoas a levem mais a sério. Você ama espremer espinhas. Escolheria ter um orgasmo em detrimento de quase todas as outras coisas. De vez em quando — e muitas vezes sem qualquer aviso — sua capacidade de ter empatia se desfaz completamente e você se torna inútil para qualquer pessoa que precisar de você. Você já teve fantasias sexuais com a maioria dos seus amigos. Você queria que alguém dissesse que você é genial. Você já trapaceou jogando jogos de tabuleiro. Certo Natal, você marcou uma consulta médica de emergência porque pensou que estava com herpes, mas era só uma espinha. Você foi uma criança certinha que dedurava os colegas quando faziam algo de errado, e continua sendo uma caxias de primeira. Você é careta quando se trata de drogas. Você é hipocondríaca. O único jeito de você se concentrar durante uma sessão longa de meditação é pensando numa suruba. Você adora brigar pela coisa certa.

# *Casa dos Sonhos como* tragédia dos comuns

Ela vive tentando ganhar.

Você quer dizer para ela: não vamos conseguir evoluir juntas se você continuar assim. No amor não se pode ganhar ou perder; não há sistema de pontuação num relacionamento. Somos parceiras, somos nós contra o mundo. Não vamos conseguir se estivermos em desacordo.

Em vez disso, você diz: por que você não entende? Você não entende? Você entende? Então o que eu não entendo?

# *Casa dos Sonhos como* epifania

A maioria dos casos de violência doméstica está totalmente de acordo com a lei.

# *Casa dos Sonhos como* legado

Ela viaja com os pais para esquiar no Colorado e você não é convidada. Ela telefona do chalé quando você está em casa, escrevendo.

"Estou tomando um banho quente", ela diz. "Bebendo um gim-tônica. Pensando em você. Vou me masturbar. Estou com saudade de você."

"Também estou", você diz.

"Quer se masturbar comigo?", ela pergunta. A ideia é sedutora — você sente sua buceta se contrair e relaxar, um reflexo —, mas seus colegas de casa estão na cozinha, a poucos metros da sua porta, e você não confia em si mesma, tem medo de fazer barulho.

"Acho que agora eu não consigo."

"Você sabe", ela diz, com a voz vazando pelo aparelho como gás, "que, se não estiver sentindo tesão por mim, pode me falar."

"Eu não… o quê?"

"Se você não tem desejo por mim, acho que nem devíamos estar juntas."

Agora você endireita a postura.

"Você está terminando comigo?"

"Estou dizendo que é muito difícil ficar com alguém que não está a fim de você, e acho que eu não devia passar por isso."

"Você está terminando comigo." Você sente alguma coisa inflando de repente dentro do peito, algo a meio caminho entre o pânico e a euforia. Você desliga o telefone. Ela liga de novo no mesmo instante, e você recusa a chamada. De novo, e de novo. Você começa a chorar, e seu colega de casa John entra no quarto. Ele pergunta o que aconteceu.

"Acho que ela terminou comigo", você diz.

O celular não para de cantarolar. John o arranca da sua mão. "Por que a gente não desliga isso?", ele diz. Você tenta desligá-lo, mas não consegue se lembrar qual é o botão, então abre a parte de trás do aparelho e tira a bateria. Tudo que havia na tela some, e o silêncio é um alívio. Você soluça, incrédula, sentindo dor no corpo inteiro depois da mudança brusca no diálogo. Ele te abraça forte, e vocês ficam sentados juntos.

Depois de uma hora, você devolve a bateria ao aparelho. Ele toca quase de imediato. Você atende. Ela está em prantos.

"Por que você não estava me atendendo?", ela soluça.

"Você acabou de terminar comigo", você diz.

"Eu não terminei com você!", ela berra, e então você ouve a voz furiosa do pai dela ao fundo. "É aquela *filha da puta*? Saia dessa merda de celular…"

E então ela começa a gritar para ele ir embora, e a linha fica muda.

John fica te olhando, mas não diz nada.

Depois de um tempo, você acaba perdendo as contas de quantas vezes ela terminou com você desse jeito.

# *Casa dos Sonhos como* enunciado de problema matemático

Então temos uma mulher, e ela mora em Iowa City, e depois ela se muda para Bloomington, Indiana, a 656 quilômetros dali. E a namorada dela, que a ama muito, aceita continuar namorando à distância, aquela história de sempre. Ela nem pensa duas vezes, é uma decisão mais fácil do que tirar bala de criança. (Nesse momento ela não percebe quem é a bala e quem é a criança.) Ela passa o segundo ano da pós-graduação inteiro indo e vindo de Bloomington. E faz isso com alegria. Numa viagem, ela consegue ouvir até 75% de um audiobook. Se ela dirige a 105 quilômetros por hora e a duração média de um audiobook é de dez horas, quantos meses ela vai levar para perceber que jogou metade do mestrado no lixo para dirigir até a casa da namorada e ficar levando bronca por qualquer coisa por cinco dias seguidos? Quantos meses ela vai levar para aceitar que, para todos os efeitos, ela mesma se enfiou nessa situação?

## III

*E, como você se parece com a casa, ela te conhece.*
*Quando você grita,*
*as luzes tremulam, azuladas e rotas como fantasmas.*
*Quando ela diz que você se desligou,*
*os interruptores sacodem suas cabecinhas*
*brancas. Os ladrilhos rangem* sim *sob os decretos*
*dela — algo muito ruim deve ter acontecido*
*para você ter ficado assim, assim*
*não querendo ficar com ela. Mas as janelas*
*estalam e discordam. Em sua luz melosa*
*e descortinada, elas veem — algo muito ruim*
*está acontecendo.*

Leah Horlick

# *Casa dos Sonhos como* homem *vs.* homem

Sua mãe teve uma cachorrinha minúscula e trêmula chamada Greta, uma mistura de schnauzer com poodle que ela resgatou quando você estava na faculdade. Greta era parruda e cinza e era a cachorra mais neurótica que você conheceu na vida, dada a arroubos de desgosto e ansiedade. Quando Gibby, o cachorro da sua família, uma mistura de cocker com poodle, morreu asfixiado com uma sacola de plástico, Greta manifestou seu luto carregando imensas pilhas de bichinhos de pelúcia — alguns maiores que ela própria — pela casa. "Ela não para de fazer isso", sua mãe disse calmamente quando você perguntou sobre o comportamento da cachorra.

Uma vez você cuidou de Greta quando sua mãe estava fora da cidade, e ficou profundamente irritada com a indisposição da cadela; ela passava quase o dia inteiro deitada num lugar específico do sofá, com a cara enfiada no tecido — mas ela não estava dormindo: seus olhos escuros estavam abertos e fixados no nada. Ela parecia morta. Toda vez que você a tirava do lugar, ela se deixava pender, flácida, e não estendia os pés quando você a punha no chão. Quando você a levava para fora para que ela fizesse xixi, ela se afastava o mínimo possível, sempre sem tirar os olhos de você, e fazia xixi com mais fadiga do que você sentira na sua adolescência inteira. Quando você a levava para passear na coleira, ela ficava deitada no chão e se recusava a andar, e mais de uma vez você precisou levá-la para casa no colo.

Certo dia, você a pegou, deixou-a diante da porta e a abriu. "Greta", você disse, "vai! Se liberta! Corre!" Ela só olhou para você com uma expressão muito triste, muito pesarosa.

Ela poderia ter fugido. A porta estava aberta. Mas era como se ela nem soubesse o que fazer.

# *Casa dos Sonhos como* arte moderna

No inverno, vocês vão ao Museu do Brooklyn para ver uma exposição chamada *Hide/Seek* [Esconde-esconde]. Você vai sob chantagem, está na cidade contra sua vontade. Você não queria ir a Nova York, nem por poucos dias, mas ela insistiu. Você aceita ir ao museu porque a arte sempre ajudou você a se equilibrar; a arte é um lembrete de que você é mais do que um corpo e sua respectiva mágoa.

Dentro do museu, você sai andando na frente dela, muito à frente, para não precisar sentir a presença dela te oprimindo como um travesseiro no rosto. Você encontra *Untitled (Portrait of Ross in L.A.)* [Sem título (Retrato de Ross em LA)], de Félix González-Torres, um artista cubano-americano. Quando vê a instalação pela primeira vez — balas embrulhadas em celofane colorido e amontoadas num canto da parede —, você quase dá risada. É estranha, parece tão deslocada nesse espaço. Mas quando chega perto e lê a descrição, você entende: é o peso do falecido parceiro do artista quando ele começou a morrer de aids. Os visitantes devem pegar uma bala, segundo a descrição, e em dado momento a pilha será reabastecida. Alguém reabastece as balas desde 1991.

Em 1991, você tinha cinco anos. Você não sabia que era queer. Você morava num subúrbio na Pensilvânia e não sabia o que era aids. Você contava histórias para si mesma em voz baixa. Você guardava rancor do seu irmão mais novo e tinha acabado de ganhar uma irmãzinha bebê, de quem também guardava rancor. Você tinha tanto medo de balões que inventou um aparato feito com uma garrafa de refrigerante e um canudo para não deixar a bexiga de látex entrar nos seus pulmões. Você era só pensamento; a ansiedade era sua essência vital, seu combustível. Você era jovem. Não sabia que seu intelecto podia ser ao mesmo tempo uma dádiva e uma prisão; que alguém podia pegar seu poder e virá-lo contra você.

No novíssimo ano de 2012, em pé diante da pilha de balas, você se sente diretamente conectada com aquela desesperança, aquela revolta, aquela mágoa. Você lê a placa. "Um ato de comunhão." Você pega uma, tira a bala do papel e a enfia na boca.

Nesse momento, ela aparece do seu lado.

"O que você está fazendo?", ela sibila.

Você aponta para a placa, para a explicação. Ela não olha. Ela chega tão perto do seu rosto que parece que vai beijar sua orelha, mas está te xingando em voz baixa, um fluxo contínuo de raiva e insultos que para um estranho de passagem seria indistinguível de juras de amor sussurradas. Você não consegue olhar para ela. Você não consegue tirar os olhos de Ross, que além disso é Sem Título, que além disso morreu, que além disso sempre estará vivo, imortal. Você chupa, chupa, chupa a bala, e começa a perceber que ela não tem nenhum sabor específico além do próprio açúcar, e ela continua dizendo que você é a pior pessoa, que você é a pior do pior, que ela não acredita que te trouxe aqui. (A essa mostra? A esse museu? A essa cidade? À cama dela? Você nunca saberá.)

A bala deixa de ser uma bolinha e vira uma lasca, e depois desaparece — mais um passo rumo à desintegração de Ross. Mais um passo rumo à ressurreição.

# *Casa dos Sonhos como* segunda chance

Certo dia, vocês estão cochilando para curar uma ressaca na Casa dos Sonhos quando ela se vira para você, bem acordada — mais acordada do que você pensava que ela estivesse.

"O que você diria se eu contasse que queria tentar o programa de Iowa de novo?", ela pergunta. "Pra eu poder voltar a morar lá e ficar com você."

É difícil identificar a sensação que surge no seu peito, o ímpeto de empolgação travado pela coleira do pânico. Você sorri, rápido, mas ela viu alguma coisa na sua expressão, e a dela desaba de desgosto.

"O quê, você acha que eu não consigo? Ou não me quer lá?"

"Não, eu só... Você dedicou tanto tempo e tanto dinheiro para vir para Bloomington, e você adora morar aqui. E você adora seus amigos... Por que você iria embora? É um mestrado tão bom. Acho que estamos conseguindo fazer a relação à distância dar certo, você não acha?"

Ela se levanta e sai andando. Ela passa o resto do dia sem falar com você. Só volta quando você, com toda a doçura do mundo, aceita ajudá-la. "Não vejo a hora de você estar lá comigo", você diz. Você não a questiona mais.

Mas você sabe. Você sabe, em algum lugar bem lá no fundo, que nada disso tem a ver com você.

Você a ajuda a editar os contos dela para a candidatura. Um deles é sobre um homem que é tão possessivo e ciumento que destrói todos os seus relacionamentos. É bem bom.

# *Casa dos Sonhos como* arma de Tchékhov

Você está passando algumas semanas na Casa dos Sonhos durante o recesso das festas de fim de ano, sem carro e sem nada com que se preocupar. Você não devia ter sido tão burra; os sinais de alerta estavam todos lá, mas a ideia de passar um sem-fim de dias trepando por horas numa cama confortável, se deliciando com as comidas mais incríveis e estando com ela era convidativa demais. Você sempre foi hedonista, e ela está ao seu lado para desfrutar da vida com você, com uma fome de bicho à altura da sua.

Na última semana, você vai ao boliche da região com ela e os amigos escritores. Vocês vão até lá no carro dela — um modelo de luxo que foi presente dos pais dela — e o combinado é que ela dirija, pelo menos dessa vez. Por isso, você passou a noite bebendo livremente dos jarros de cerveja clara, o tipo de cerveja que você nunca bebe, já que nunca tem a oportunidade de ficar bêbada quando está com ela, e não vê a hora de começar a sentir aquela moleza nos membros. Ela pediu só uma cerveja e beberica devagar, e sorri para você. Você joga boliche como sempre jogou; suas jogadas geralmente acabam com todos os pinos em pé, porque você se empolga demais e a canaleta acaba engolindo a bola. Mas de vez em quando acontece um *strike*; uma colisão tão linda e devastadora que você tem a impressão de ser boa em alguma coisa, uma nesga de autoconfiança. Você gira a bola na mão, perolada e cor de pêssego, e a arremessa na pista com aquele *plaft-shhh* tão bonito.

Ela fica lá sentada, toda sapatão, e dá uma palmadinha no colo. Você se senta. Você não teve tantos namorados, nem namoradas, e nunca ninguém — e com certeza ninguém que você tenha paquerado no passado — fez esse gesto para você. Você está calma, contente, um pouco bêbada. Só uma menina sentando no colo da sua menina.

As mãos dela chegam aos seus seios antes que você possa fazer qualquer coisa. Você as agarra com as suas e as afasta com delicadeza. Ela volta com as mãos. Quando as retira pela segunda vez, você consegue sentir a fúria dela; não consegue vê-la, mas o cheiro dela muda, como o de um pano de prato barato deixado sobre um fogareiro elétrico aceso. Ela se fecha ao seu redor como uma planta carnívora, prendendo seus braços junto ao tronco.

Ela se aproxima do seu ouvido. O que você está fazendo, ela diz. Não soam como palavras nem como uma pergunta; soam como um ronronar.

"Não", você diz.

Ela prende seus braços com mais força. "Puta merda, como eu te odeio", ela diz. De repente ela parece bêbada, embora você estivesse prestando atenção nela e saiba que ela só bebeu uma cerveja. Mas você também bebeu cerveja e não sabe o que fazer. "Eu te odeio", ela repete. Os ruídos da pista de boliche vêm de um lugar muito distante; você sente que seu coração vai parar de bater. Você não é mãe de ninguém; nunca ninguém disse que te odiava.

Você se levanta e olha ao redor com um ar atordoado, procurando os outros, que olham para longe de propósito. "Acho que a gente precisa ir embora", você diz. "Eu acho…"

Mas, quando se levanta, ela de fato parece bêbada. Como vocês vão chegar em casa? Você pega sua carteira, mas não tem dinheiro, e depois de alguns minutos um dos poetas vem falar com você. "Mil desculpas", ele repete algumas vezes, embaralhando as palavras, apesar de não esclarecer o motivo pelo qual está pedindo desculpas — mas aí ele põe uma nota de vinte dólares na sua mão, para que você peça um táxi. Você diz que vai devolver o dinheiro, mas agora percebe que nunca devolveu.

Quando o táxi sai do boliche, você vê o carro dela reluzindo no estacionamento e reza para que não seja guinchado até amanhã de manhã. No banco de trás do táxi, ela fecha os olhos e começa a resmungar um monólogo que dura a corrida inteira. *Sua desgraçada, eu te odeio, vai se foder, Carmen, vai se foder, vai se foder, filha da puta, sua desgraçada, sua vagabunda do caralho, vai se foder...*

Você se sente péssima arrancando o lençol da cama. Você vai dormir no sofá. É isso que as pessoas fazem quando estão chateadas com a pessoa que iria dormir ao lado delas. Você nunca fez isso, mas já ouviu falar. Já viu nos filmes. Você não consegue achar o pijama. Você vai até a sala, só de calcinha e sutiã, e se encolhe no sofá quebrado com as molas que cutucam a lateral do seu corpo. Você se enrola no lençol. É aquela malha jérsei macia e elástica, do mesmo tipo que você tinha na faculdade.

Ela arranca o lençol; você estremece.* "O que você está fazendo?", ela pergunta, em pé, te olhando de cima. Você não diz nada. Então, como ela não sai do lugar, você diz: "Estou chateada e gostaria de dormir sozinha, por favor".

* Thompson, *Motif-Index of Folk-Literature*, Tipo E279.3, Fantasma puxa o lençol de uma pessoa adormecida.

Ela se ajoelha ao lado do sofá como uma suplicante com uma oferenda. Você pensa que talvez ela tente te beijar, ou talvez transar com você, mas você não vai deixar, você não vai deixar você não vai deixar não vai.

Ela se inclina e começa a gritar dentro do seu ouvido, como se estivesse cuspindo ácido para dentro de você. Você tenta se arrastar para longe, mas ela está comprimindo seu corpo, uivando feito um urso machucado, feito um deus primitivo. (Um urso primitivo; um deus machucado.)

É como se alguma coisa tivesse se rompido. Você sai rolando do sofá, se levanta e corre para o outro lado da sala. Ela desaparece no quarto e volta com sua mala. Com um berro tremendo, ela a arremessa pelo cômodo, e a mala se choca contra a parede. Ela agacha e pega alguma coisa — sua bota ModCloth chiquérrima, o primeiro par de sapatos em que você gastou tanto dinheiro — e joga em você. A bota gira e ela erra. Ela joga o outro pé, e também erra, mas derruba um porta-retrato da parede, e mais tarde você vai tentar entender se ela não acertou nenhuma vez porque você desviou muito rápido ou porque ela era muito ruim de mira, mas nunca chegará a conclusão nenhuma.

Ela agacha para pegar alguma outra coisa, e você se vê voltando às profundezas da experiência infantil: descontraidamente correndo mais rápido que seu irmão caçula, que cismou em jogar uma coisa nojenta no seu cabelo. A casa é um círculo, então você se afasta dela, aproximando-se da cozinha, e ela persegue você, como seu irmão perseguia quando tinha sete anos, e você atravessa correndo o escritório e o corredor e por fim entra no banheiro. Você bate a porta e tranca a fechadura, e um milissegundo depois você se afasta da maçaneta num pulo quando a porta inteira chacoalha, como se tivesse se lançado contra ela. Ela continua gritando. Você se apoia na parede oposta e desliza até o chão. Parece que ela está tentando derrubar a porta.

Você fica lá dentro por um tempo, mas está sem seu celular e não consegue precisar por quanto tempo. Por fim, o barulho cessa. O silêncio é macabro. Você se levanta e destranca a porta. Você sai do banheiro tremendo, chorando. Ela está sentada no sofá, olhando para o nada como uma boneca. Ela se vira e olha para você com uma expressão frouxa.

"O que aconteceu?", ela diz. "Por que você está com essa cara de chateada?"

Nessa noite, a arma é disposta sobre a cornija da lareira. A arma metafórica, é claro. Se houvesse uma arma concreta, você provavelmente estaria morta.

# *Casa dos Sonhos como* percepção da escrita das mulheres

Certa vez, Norman Mailer disse: "A percepção que tenho é que da escrita das mulheres sempre emana", entre outras coisas, "uma psicose francamente lésbica". Em outras palavras, uma mulher escrevendo é louca e uma mulher-que-ama-mulheres escrevendo é louca ao quadrado. Histeria e inversão, compostas como os juros; uma dívida que cresce para toda a eternidade. O uso da palavra "lésbica" sugere que, para Mailer, o desinteresse por seu pênis só pode ser um tipo de psicose.

Narrativas sobre saúde mental e mulheres lésbicas sempre cheiram a homofobia. Eu me lembro de estar na faculdade e assistir a *Girlfriend*, um raro filme bollywoodiano sobre mulheres queer, no qual uma lésbica *butch* armada com uma chave inglesa seduz uma *femme* estonteante, mas cedo ou tarde a *femme* se afasta e se apaixona por um cara, e a *butch* perde as estribeiras, tornando-se possessiva e violenta, e por fim morre depois de cair de uma janela.

Cresci numa cultura em que o casamento gay passou de impossibilidade cômica a conclusão precipitada a lei da terra. Saí do armário há quase uma década. Ainda assim, sou inexplicavelmente assombrada pelo fantasma da lésbica lunática. Eu não queria que minha parceria fosse atormentada por doenças psíquicas, por um transtorno de personalidade ou pela agressividade descontrolada. Eu não queria que ela fosse ciumenta ou cruel. Anos depois, se pudesse dizer alguma coisa para ela, eu diria: "Pare de fazer a gente passar vergonha, porra".

# *Casa dos Sonhos como* mansão mal-assombrada

O que significa, de fato, dizer que uma coisa é assombrada? Conhecemos a fórmula por instinto: o lugar está embebido em tragédia. Morte, no mínimo, mas tantas coisas terríveis podem preceder a morte, e é de comum entendimento que algumas delas podem provocar algo muito parecido. Você passa tanto tempo estremecendo entre as paredes da Casa dos Sonhos, numa sintonia obsessiva com a posição do corpo dela em relação ao seu, sem dormir direito, ouvindo os passos dela, e a forma como o desprezo invade a voz dela pouco a pouco, encarando, atônita e com o olhar vazio, coisas que você nunca imaginou ver na vida.

O que mais significa? Significa que metáforas não faltam; que o espaço existe em quatro dimensões; que, se você volta a um lugar com frequência suficiente, ele fica impregnado da sua energia; que o passado nunca nos abandona; que é preciso levar a atmosfera em conta;* que podemos ferir o ar com a mesma precisão com que ferimos a carne.

* Um amigo seu, Bennett Sims, tem um conto de horror maravilhoso chamado

Nesse sentido, a Casa dos Sonhos era uma casa mal-assombrada. Você era a moradora repentina e desprevenida de um lugar em que coisas ruins haviam acontecido. E um dia, na sala de estar, lhe ocorre que você é o fantasma dessa casa:* é você quem vaga de cômodo em cômodo sem propósito nenhum, olhando boquiaberta para as caixas de mudança que nunca foram abertas, sem saber exatamente o que fazer. Afinal de contas, você não precisa morrer para deixar uma marca de dor psíquica. Se alguém estiver morando na Casa dos Sonhos agora, talvez essa pessoa veja um eco seu.

---

"House-Sitting" [Cuidando da casa]. Você nunca se esqueceu deste parágrafo: "Não é superstição, você não acha que seja. Só faz sentido. Seria como dormir numa casa na qual uma família foi brutalmente assassinada: quer você acredite em fantasmas, quer não, é preciso levar a atmosfera em conta". Você se identificou, já que é uma agnóstica que ainda sente quando há algo de errado num recinto.

* Thompson, *Motif-Index of Folk-Literature*, Tipos E402.1.1.1, Chamados de fantasmas; E402.1.1.2, Sussurros de fantasmas; E402.1.1.3, Gritos de fantasmas; E402.1.1.4, Cantos de fantasmas; E402.1.1.5, Roncos de fantasmas; E402.1.1.6, Soluços de fantasmas.

# *Casa dos Sonhos como* gatilho de Tchékhov

Alguns dias depois do incidente no boliche, e um dia antes da sua volta para Iowa, ela pergunta se você quer ir a um show num bar das redondezas. Você não quer — há anos você detesta música ao vivo, o preço que ela cobra do seu corpo e das suas horas de sono —, mas tem medo de dizer isso, então você vai. Esse é seu primeiro erro do dia. Lá vocês encontram amigos. Você compra uma cerveja, mas bebe só de vez em quando, porque quer poder entrar no carro dela e dirigir a qualquer momento. É uma banda de Chicago, JC Brooks & the Uptown Sound, e até que eles são bons. Você assiste a uma parte do show e começa a se sentir exausta. Ficar exausta é seu segundo erro.

"Preciso ir pra casa", você diz a ela baixinho, aproximando-se do seu ouvido. "Estou tão cansada, e meu voo sai meio cedo amanhã."

Ela parece relaxada, tranquila. "Quer que eu vá pra casa com você?", ela diz.

Você relaxa — essa reação parece tão normal. Esse é seu terceiro erro.

"Pra mim tanto faz", você diz. "Se você está se divertindo, posso levar seu carro e deixar dinheiro pra você pegar um táxi. Ou você pode vir pra casa comigo. É você quem sabe, meu amor."

"Pra você tanto faz?", ela diz.

"Sim", você diz. "Dos dois jeitos está ótimo."

"Então você não liga pra mim. Você não liga se eu vou ou se eu fico."

"Não foi isso que eu disse. Eu só disse..."

"Você não liga se eu viver ou morrer", ela diz.

Dentro de você, alguma coisa chega à beira de um precipício e despenca.

No carro, ela diz que quer dirigir.

"Não", você diz. "Não. Você está bêbada. Não vou deixar."

"Me dê a chave ou eu te mato", ela diz. Ela deve estar brincando. Você deixou de gostar dessa piada.

"Se eu te der a chave, você vai matar nós duas."

Ela se senta no banco do passageiro. Você passa o caminho inteiro com medo de que ela se jogue por cima da barreira que há entre vocês e agarre o volante. Em vez disso, ela fecha os olhos.

Você entra na casa com ela gritando às suas costas. Agora você está mais calma. Você aprendeu da última vez. Já está mais forte.

No quarto, você tira as roupas, depois entra no banheiro e fecha a porta. O chuveiro está mais quente do que você consegue suportar. Você fica imediatamente aquecida; os ruídos lembram uma tempestade.

De repente, ela está dentro do banheiro. Talvez você não tenha trancado direito a porta, talvez simplesmente não a tenha trancado — e ela continua gritando. Ela arranca a cortina do chuveiro das argolas. Você dá um passo para trás. Você não está de óculos, então ela é só uma massa branca embaçada com um buraco vermelho no lugar da boca. A água cai entre vocês.

"Eu te odeio", ela diz. "Eu sempre te odiei."

"Eu sei", você diz.

"Eu quero que você saia dessa casa agora."

"Não posso. Não estou com meu carro. Meu voo é amanhã."

"Sai dessa casa, senão eu te faço sair."

"Eu durmo no chão. Vou embora no primeiro horário da manhã. Você nem vai saber que estou aqui."

Você escorrega pelo chão da banheira, chorando, e ela se afasta. Você fica ali sentada até a água que cai no seu corpo ficar gélida. Depois de alguns minutos assim, você estende o braço e fecha a torneira, tremendo dos pés à cabeça.

Ela entra no banheiro de novo. Quando se aproxima, te procurando, você percebe que ela está nua.

"Por que você está chorando?", ela pergunta com uma voz tão doce que seu coração se parte ao meio como um pêssego.

## Casa dos Sonhos como novela

Ela não se lembra, ela diz antes de vocês irem dormir. Ela se lembra de estar no bar, depois de engatinhar nua para perto de você. Tudo o que aconteceu entre uma coisa e outra é escuridão.

# *Casa dos Sonhos como* comédia de erros

No dia seguinte, você acorda ao lado dela. Você faz sua mala e tenta convencê-la a se apressar, porque o carro é dela e você tem que pegar o avião. Ela está amuada e brava, e perde a paciência quando você lembra que o aeroporto fica a mais de uma hora de carro. Ela faz tudo sem pressa. Passa maquiagem. Dirige, pela primeira vez na vida dela, muito devagar.

Quando você chega ao aeroporto, a fila de segurança está enorme, e o agente de segurança confisca sua garrafa d'água de metal, que você esqueceu de esvaziar. Arrastando sua mala pesada pelo aeroporto, você começa a chorar por causa da garrafa d'água, só que não é por causa da garrafa d'água de verdade, e uma funcionária boazinha de cabelo frisado — em 2012! — para e pergunta se você está bem. Você se sente horrível por pensar uma coisa assim do cabelo dela; e meio que tem vontade de abraçá-la. E quer chorar e explicar que o agente de segurança roubou sua garrafa d'água preferida porque não quis deixar que você bebesse o conteúdo, porque talvez ele tenha pensado que a garrafa continha o líquido de uma bomba e ao bebê-lo você se transformaria no mesmo tipo de bomba, ou talvez o poder tivesse subido à cabeça dele, porque sua expressão não mudou quando você implorou para que ele a deixasse ficar com o que era seu, e você também está com medo de perder o voo porque sua namorada não quis se apressar na hora de pintar o rosto, uma expressão que você sempre achou meio engraçada e levemente machista, mas agora lhe parece horrivelmente macabra, porque dá a entender que ela tem um rosto e precisa pôr outro, e você viu o que havia debaixo dele na noite passada, quando você estava com tanto medo, tão frágil, e ela estava gritando, e você se escondeu dela, se escondeu da mulher que um dia tinha dito que te amava e queria ter filhos com você e te chamado de a mulher mais bonita, sexy e genial que ela conheceu na vida, você teve que se esconder dela no banheiro e trancar a porta, e se sua família soubesse disso provavelmente ia pensar que só confirmava o que eles já pensavam a respeito das lésbicas, e você queria que ela fosse homem, porque aí pelo menos daria para confirmar as percepções que as pessoas já tinham sobre os homens, e ela provavelmente não ia entender, mas a última coisa que mulheres queer precisam é de propaganda negativa, e aí você se sente mal porque, até onde você sabe, ela poderia ser queer e poderia entender.

 Você se joga na sua poltrona no avião com poucos minutos sobrando, a última pessoa a embarcar. Está suada de tanto correr, e chorando, e não para de puxar catarro de volta para o nariz. Ao seu lado está um executivo de terno cinza-carvão que sem dúvida já está arrependido de não ter se presenteado com uma passagem de primeira classe, e que não tira os olhos de você. Quando o chão se afasta cada vez mais, você jura a si mesma que vai contar para alguém que a situação é grave, que vai parar de fingir que essas coisas não estão acontecendo, mas, quando o chão volta a se aproximar, você já começou a embelezar sua história.

# *Casa dos Sonhos como* possessão demoníaca

Você sempre se interessou por histórias de demônios e possessão, por mais bregas ou bobas que sejam. É a interseção perfeita entre suas curiosidades mórbidas e o que restou da sua formação religiosa; uma recordação dos tempos em que você acreditava nesse tipo de coisa.

Depois que ela atribui o que ocorreu naquelas noites a uma espécie de amnésia e fica resmungando pelos cantos, você começa a pesquisar. Ela se sente mal, muito mal, ela diz. Há um remorso na fala dela, verdadeiro remorso, mas às vezes você a flagra ajustando o rosto para uma expressão de tristeza. Você joga "perda de memória" e "surtos repentinos de raiva e agressividade" no Google. A internet não oferece nada, a não ser um artigo que afirma que o uso contínuo de maconha pode, teoricamente, servir de gatilho para o desenvolvimento da esquizofrenia, caso o indivíduo tenha predisposição genética à doença. É assustador; você fica muito triste por ela. Você tenta expor suas várias teorias, mas ela debocha de todas. Ela não tem fumado tanta maconha, diz. Ela não tem esquizofrenia. Ela diz isso com tanto desdém que você começa a se perguntar se é possível que tenha superestimado os acontecimentos da viagem, se sua lembrança pode estar equivocada.

Não que isso signifique que você cogita seriamente a possibilidade da possessão demoníaca. Você é uma mulher moderna que não acredita em Deus e em nenhuma das mitologias complementares. Mas a melhor parte de uma história de possessão não é justamente o fato de a vítima poder fazer e dizer coisas terríveis e no dia seguinte receber carta branca e perdão? "Eu fiz o quê? Me masturbei com um crucifixo? Cuspi num padre?"

É isso que você quer. Você quer uma explicação que a liberte da responsabilidade, que permita que o relacionamento de vocês continue inabalável. Você quer poder explicar o que ela fez sem ver horror no rosto das pessoas. "É que ela estava possuída, sabe?" "Ah, uma hora ou outra todo mundo passa por isso, né?"

À noite, você se deita ao lado dela e a observa dormindo. O que espreita ali dentro?

# *Casa dos Sonhos como* dando nomes aos animais

Adão só tinha que fazer uma coisa. Deus disse: "Está vendo essa coisinha peluda? E aquela outra cheia de escamas ali na água? E essas cobertas de plumas, voando pelo ar? Preciso muito que você lhes dê nomes. Estou criando o mundo há uma semana e fiquei muito cansado. Me avise quando você terminar".

Aí Adão ficou lá sentado. Que desafio, não é mesmo? Hoje é óbvio para nós que aquilo é um esquilo e aquilo é um peixe e aquilo é um pássaro, mas como é que Adão ia saber? Ele não só tinha acabado de nascer, como tinha acabado de ser criado; ele não tinha anos de experiência de vida para dar suporte ao seu projeto criativo, nem ninguém que pudesse lhe ensinar. Quando penso nele, sentado ali com seu punho novinho em folha e seu queixo novinho em folha, com uma expressão levemente perturbada, intrigada e ansiosa, sinto muita compaixão. Atribuir linguagem a uma coisa para a qual você não tem linguagem não é tarefa fácil.

# *Casa dos Sonhos como* ambiguidade

Num ensaio publicado em *Naming the Violence* [Dando nome à violência] — a primeira antologia de textos escritos por mulheres queer que tratam da violência doméstica em sua comunidade —, a ativista Linda Geraci relembra o momento em que uma colega lésbica parafraseou Pat Parker numa conversa com uma conhecida hétero: "Se quiser ser minha amiga, há duas coisas que você precisa fazer. Primeiro, esqueça que sou lésbica. Segundo, nunca esqueça que sou lésbica".* Essa é a maldição da mulher queer — a liminaridade eterna. Você é duas coisas, talvez até mais; e não é nenhuma delas.

Heterossexuais nunca souberam o que fazer com as pessoas queer, isso quando chegam a pensar em sua existência. Isso vale

---

* A jurista Ruthann Robson chama isso de "dupla demanda teórica" e adiciona: "A demanda, é claro, é mais do que dupla em muitos casos. Como a poeta lésbica e negra Pat Parker escreve em seu poema 'Para a pessoa branca que quiser saber como ser minha amiga': 'A primeira coisa que você deve fazer é esquecer que sou Negra/ A segunda, nunca esquecer que sou Negra'".

principalmente para a mulheres — por um lado, elas parecem pecadoras em teoria, mas sem pênis como é que elas, enfim, *fazem a coisa*? Essa confusão assume muitas formas, inclusive a negação completa de que o sexo entre mulheres seja possível. Em 1811, ao ver-se diante de duas professoras escocesas que haviam sido acusadas de serem amantes, um juiz chamado Lord Meadowbank insistiu que seus genitais "não eram constituídos de forma a penetrar um ao outro, e sem penetração o orgasmo venéreo não poderia se estabelecer". E em 1921 o Parlamento britânico votou contra um projeto de lei que tornaria ilegal todo "ato de indecência flagrante entre mulheres". Por que um governo do início do século xx seria tão progressista? "A interpretação que a história moderna oferece para esse desfecho", escreve a acadêmica Janice L. Ristock, "é que a lesbianidade não era só impronunciável, mas também 'legalmente inimaginável'".

Mas essa inabilidade de conceber a existência das mulheres lésbicas também gera consequências mais sombrias. Em 1892, quando Alice Mitchell degolou sua namorada, Freda Ward, dentro de uma carruagem numa rua poeirenta de Memphis — ela estava enfurecida porque Freda havia, com o estímulo de sua família, rompido a relação das duas —, os jornais mal souberam o que fazer com a notícia. Em seu livro *Sapphic Slashers* [Assassinas sáficas], Lisa Duggan escreve:

> Os repórteres tiveram dificuldade para traçar um enredo claro ou definir uma postura moral consistente: será que Alice era a pobre e desamparada vítima de uma doença mental, ou na verdade era um monstro do sexo feminino guiado por motivações eróticas e agressivas do sexo masculino? [...] O crime passional envolvendo duas garotas apresentou uma reviravolta chocante que embaralhou os papéis do vilão e da vítima, tão atrelados ao gênero.*

---

* É importante lembrar que Alice Mitchell estava longe de ser a primeira mulher

A história era ao mesmo tempo irresistível e completamente desconcertante. Elas estavam... noivas? Alice tinha dado uma aliança a Freda, além de juras de amor, devoção e apoio financeiro. Deveriam executá-la por assassinato ou enviá-la para um hospital por conta de suas paixões anormais? Tratava-se de uma amante desprezada ou de uma louca? Mas, para ser uma amante desprezada, ela teria que... Elas teriam que...?

"Decidi matar Freda porque eu a amava tanto que queria que ela morresse me amando", Alice escreveu num depoimento que seus advogados forneceram à imprensa, falando igualzinho ao namorado possessivo de um filme feito para TV. "E quando ela de fato morreu, sei que ela me amava mais do que a qualquer outro ser humano na terra. Peguei a navalha do meu pai e resolvi que ia matar Freda, e agora sei que ela está feliz."

O júri escolheu "louca", e Alice passou o resto da vida no manicômio Western State Insane Asylum em Bolivar, Tennessee.

Mesmo quando o sexo entre mulheres era, à sua maneira, reconhecido, ele funcionava como uma espécie de desconexão do gênero. A mulher lésbica agia como homem, mas continuava sendo mulher, e ainda assim precisava abrir mão de uma espécie de feminilidade essencial.

O diálogo sobre a violência doméstica em relacionamentos

---

a despertar confusão pública a respeito de seu gênero, tanto por suas paixões quanto por seu ato chocante de violência. Em 1879, quando Lily Duer deu um tiro em sua amiga Ella Hearn por ter rejeitado seu amor, uma manchete do *National Police Gazette* dizia, em versão editada: "Romeu do sexo feminino: terrível amor pela amiga *que supostamente era do mesmo sexo* [grifo meu] ganha contornos passionais". Algum tempo antes do assassinato, uma testemunha relatou um diálogo no qual Lily disse: "Ella, por que você não sai comigo em público? Você não me ama?". "Oh, sim, eu a amo", Ella respondeu, "mas tenho medo de você."

lésbicos já existia na comunidade queer desde o início dos anos 1980, mas foi só em 1989, quando Annette Green baleou e matou sua companheira abusiva em West Palm Beach depois de uma festa de Halloween, que a possibilidade de que isso acontecesse foi levada a um júri e considerada digna de um tribunal.

Green foi uma das primeiras pessoas queer a lançar mão da "síndrome da mulher maltratada" para justificar seu crime. A ideia da mulher maltratada* era novíssima — havia sido inventada nos anos 1970 —, mas tanto "abuso" quanto "a vítima de abuso" significavam uma coisa só: violência física e uma mulher branca e heterossexual (Green era latino-americana), respectivamente. O juiz, desconcertado, acabou aceitando a defesa de Green, mas só depois de insistir em rebatizar o termo para "síndrome da pessoa maltratada", apesar de tanto a abusadora quanto a vítima serem mulheres. Mesmo assim, a defesa não teve êxito; Green foi condenada por homicídio doloso. (Uma das pessoas que prestaram assistência jurídica ao advogado de Green disse a um repórter que "se fosse um relacionamento heterossexual" ela teria sido absolvida.)

Há um contraste gritante entre essa realidade e a forma como as narrativas de mulheres heterossexuais (e geralmente brancas) que foram vítimas de abuso são apresentadas. Quando as Fra-

---

* É importante mencionar que a palavra "maltratada" (como em: esposa maltratada, mulher maltratada, lésbica maltratada), apesar de ser tristemente imprecisa e só representar uma fração das experiências de abuso, era o termo priorizado na época. Esse é, claro, um termo jurídico específico com implicações jurídicas específicas, e eu nunca me vi como uma pessoa "maltratada". O fato de essa expressão ter persistido por tanto tempo, mesmo que o diálogo entre lésbicas, em especial, abarcasse vários tipos de abuso que não os explicitamente físicos, é o exemplo perfeito das inadequações que marcam esse debate — e que desencorajam nuances que seriam muito bem-vindas. (Outras inadequações que continuam permeando esse debate: desvalorização das narrativas das vítimas não brancas, falta de reconhecimento à não monossexualidade, atenção insuficiente às pessoas não cisgênero.)

mingham Eight [Oito de Framingham] — um grupo de mulheres presas por terem matado seus parceiros abusivos — viraram notícia em 1992, o público também não soube o que pensar de Debra Reid, uma mulher negra e a única lésbica do grupo. Quando convocaram um encontro para ouvir as histórias das mulheres e avaliar a conversão da pena de cada uma, os advogados de Debra tentaram calibrar as suposições prévias dos membros do comitê retratando-a como "a mulher" da relação: era ela quem cozinhava, limpava, cuidava das crianças. Os advogados acreditavam, e com razão, que Debra precisava se encaixar na narrativa tradicional da violência doméstica, aquela que as pessoas compreendiam: a vítima deveria ser uma figura "feminina" — dócil, heterossexual e branca — e o abusador, uma figura masculina.* O fato de Debra ser negra não ajudou em nada, porque contradizia o estereótipo. (Em outro dos primeiros casos registrados de abuso entre lésbicas, no qual uma mulher deixou a namorada com os dois olhos tingidos de um roxo cintilante, a promotora admitiu que, embora estivesse grata e surpresa pela condenação da acusada, acreditava que o fato de a ré ser *butch* e negra sem dúvida tivera um papel importante na disposição do júri em condená-la.)

A identidade de gênero da mulher queer é fugaz e pode ser arrancada dela a qualquer momento, basta que isso convenha a algum dos heterossexuais envolvidos. E, quando isso acontece, as consequências são frustrantes, ainda que previsíveis. Quase todas as Framingham Eight tiveram suas penas comutadas ou foram soltas, mas não Debra. (O conselho disse que ela e a namorada

---

* Numa reportagem de 1991 sobre uma mulher lésbica e branca de Boise, Idaho, que conseguiu utilizar a "síndrome da esposa maltratada" como tese de defesa por ter matado sua namorada abusiva, o repórter enfatizou que a ré era uma "mulher pequenina de 1,47 metro de altura". O promotor do caso especulou que o motivo da absolvição foi o fato de a esposa vítima de abuso "parecer mais heterossexual", enquanto a parceira abusiva pareceria "mais 'lésbica'".

tinham "tomado parte num relacionamento em que havia violência mútua" — um equívoco comum quando se trata da violência doméstica queer —, mesmo que esse aspecto nunca tivesse sido discutido durante a audiência.) Ela recebeu a liberdade condicional em 1994, e foi a penúltima do grupo a conquistar alguma liberdade. Uma reportagem do programa *Primetime*, da emissora ABC, mal falou com Debra ou sobre Debra, em comparação ao espaço que deu às outras mulheres. O documentário de curta-metragem sobre as Framingham Eight — *Defending Our Lives* [Em defesa de nossas vidas] —, que venceu um Oscar, não inclui a história de Debra.

A violência que Annette e Debra enfrentaram — brutalmente física — ou Freda sofreu — assassinato — vai, é claro, muito além do que aconteceu comigo. Pode parecer uma decisão estranha, ou até hipócrita, escrever sobre elas no contexto de minha experiência. Também pode parecer curioso que tantas das vítimas de violência doméstica que apareceram aqui sejam mulheres que mataram as pessoas que as agrediram. *Cadê*, vocês talvez estejam se perguntando, *as mulheres queer vítimas de abuso que não esfaquearam ou deram um tiro em suas parceiras?* (Eu lhes garanto que somos muitas.) Mas a natureza do silêncio do arquivo pressupõe que as narrativas de determinadas pessoas, e suas nuances, sejam engolidas pela história; só vemos as narrativas que se destacam porque são obscenas o suficiente para conquistar a atenção da maioria.

Há também o simples e terrível fato de que o sistema jurídico não oferece proteção contra a maior parte das modalidades de abuso — verbal, emocional, psicológico — e, ainda pior, *não oferece contexto*. Certas vítimas não são reconhecidas pelo sistema. "Ao sobrepor a violência física a outras facetas da experiência de uma mulher vítima de abuso", a professora de direito Leigh Goodmark escreveu em 2004,

> o sistema jurídico define o padrão pelo qual as histórias das vítimas de abuso serão julgadas. Se não há abuso [reconhecido juridicamente], ela não é vítima, independente da experiência debilitante que viveu, do isolamento que enfrentou ou da gravidade do abuso emocional que sofreu. E, ao criar essa espécie de miopia a respeito da natureza da violência doméstica, o sistema jurídico trata mulheres vítimas de abuso de forma profundamente injusta.

Não é à toa que no filme *Gaslight* os únicos crimes atribuídos a Gregory são o assassinato da tia de Paula e a tentativa de roubar seu imóvel. O cerne do horror do filme é a violência doméstica incessante, mas esse abuso é emocional e psicológico e, portanto, não previsto pela lei.

Narrativas de abuso em relacionamentos queer — seja esse abuso de uma violência aguda ou não — trazem consigo um desafio muito parecido. Tentar encontrar relatos, sobretudo aqueles que não culminem em violência extrema, é muito difícil. Nossa cultura não tem o hábito de ajudar as pessoas queer a entenderem o que suas experiências *significam*.

Quando eu era adolescente, havia uma certa menina em minha turma de inglês do segundo ano do ensino médio. Ela tinha olhos verde-acinzentados luminosos e o nariz cheio de sardas clarinhas. Era meio marrenta e *butch*, mas também amava os mesmos filmes que eu, tipo *Moulin Rouge* e *Tomates verdes fritos*. Sentávamos na mesma diagonal e todos os dias conversávamos até que o professor ameaçasse nos separar.

Eu gostava dela de um jeito que me fazia ficar animada para

ir à escola, mas não entendia por quê. Ela era uma ótima amiga, tão divertida e inteligente que eu tinha vontade de levantar da minha carteira, pegar na mão dela e gritar "que se dane o Hemingway" e arrancá-la daquela sala; coisas que eu não conseguia de fato me imaginar fazendo. De canto de olho, eu observava suas sardas e pensava em como seria beijá-la na boca. Quando pensava nela, eu sentia uma coisa ruim, ficava atormentada. O que aquilo significava?

Eu estava a fim dela. Era isso. Não era nada tão complicado assim. Mas eu não entendi que estava a fim dela. Porque era o começo dos anos 2000 e eu era só uma menininha do subúrbio que não tinha uma internet decente em casa. Eu não conhecia gays nem queers. Eu não me conhecia. Eu não sabia o que significava querer beijar outra mulher.

Anos depois, consegui entender essa parte. Mas aí eu não sabia o que significava ter medo de outra mulher.

Será que agora você percebe? Você entende?

# *Casa dos Sonhos como* zumbi

Penso tanto em Debra Reid — encarcerada, sem receber perdão —, na impotência profunda que ela deve ter sentido. Mesmo depois de Jackie ter partido, ela continuava lá. Quando Debra estava em processo de julgamento pelo assassinato que havia cometido, seu irmão lhe comprou um vestido para usar no tribunal. A primeira coisa que veio à cabeça de Debra foi: "Meu Deus, Jackie ia me matar se me visse com esse vestido".

## *Casa dos Sonhos como* templo

Na noite em que ela me perseguiu pela Casa dos Sonhos e eu me tranquei no banheiro, me lembro de ter apoiado as costas na parede, pedindo ao universo que ela não tivesse as ferramentas ou o conhecimento necessário para arrancar a fechadura da porta. A incompetência técnica dela foi minha sorte, e minha sorte foi eu conseguir ficar ali sentada, observando enquanto as dobradiças da porta eram postas à prova a cada golpe. Eu podia ficar sentada no chão, chorar e dizer o que quisesse porque naquele momento aquele era um espaço só meu, embora depois nunca mais voltasse a sê-lo. Pelo resto do tempo que passei na Casa dos Sonhos, meu corpo irrompia em pânico toda vez que eu entrava no banheiro, mas, naquele momento, eu mesma era a opção mais segura que eu tinha.

Quando Debra Reid recebeu a liberdade condicional, ela precisou ficar na prisão mais tempo do que o necessário porque se exigia que ela tivesse moradia garantida, e ela teve dificuldade nesse quesito. Numa entrevista, ela disse: "Eu só quero arranjar um apartamento pra girar minha maçanetinha, usar meu banheiro e comer minha comida".

Não consigo tirar Debra e sua maçaneta da cabeça. Espero que ela tenha conseguido o que precisava.

# *Casa dos Sonhos como* trapaça

Talvez esta tenha sido a pior parte: o mundo inteiro queria vê-las mortas. Seus corpos sempre foram desprezíveis. Vocês foram arremessadas do navio do mundo, subiram juntas numa tábua de madeira e, depois de um período transitório de prazer e segurança, ela tentou te afogar. E por isso você não está só enfurecida ou magoada: você sofre porque foi trapaceada.

## *Casa dos Sonhos como* narrador não confiável

Quando eu era criança, meus pais — e mais tarde, seguindo o exemplo deles, meus irmãos — adoravam me chamar de "melodramática", ou pior, de "drama queen". Ambas as expressões me deixavam confusa e depois passaram a me aborrecer muito. Eu sentia as coisas com intensidade, e não raro a profunda injustiça do mundo desencadeava uma reação furiosa e poética da minha parte. Isso era até fofo quando eu era criancinha, mas nenhuma dessas características — ter sentimentos, reagir aos sentimentos — envelheceu bem. A agressividade não combinava comigo. Mais tarde, quando falava sobre essa dinâmica com minha noiva, minha terapeuta ou um amigo ou outro, eu sentia uma raiva explosiva. "Por que a gente ensina às meninas que sua perspectiva não é confiável?", eu dizia. Quero ressignificar essas palavras — afinal "melodrama" vem de *melos*, que significa "música", "mel"; uma "drama queen" não deixa de ser uma "queen", uma rainha —, mas elas ainda me causam dor.

Eu sempre me pego voltando a isto: como as pessoas decidem quem é e quem não é um narrador confiável? E, uma vez que a decisão foi tomada, o que fazemos com as pessoas que tentam construir sua própria concepção de justiça?

# *Casa dos Sonhos como* single de música pop

Um ano antes de eu nascer, a banda 'Til Tuesday, liderada por Aimee Mann, estreou com o single "Voices Carry". Com seu canto ofegante e uma letra memorável sobre uma relação abusiva, a música chegou ao topo das paradas nos Estados Unidos. No clipe, que passava sem parar nos tempos áureos da MTV, o namorado é — por falta de uma expressão melhor — ridículo. Usando correntes douradas e uma regata de academia, o trouxa pronuncia suas falas agressivamente banais com a sutileza de um ator mirim na peça da escola.

Ao longo do vídeo, ele desconstrói Aimee pouco a pouco. A princípio, ele elogia sua música e seu novo cabelo — meio punk e platinado, com direito a *mullet*. Depois, num restaurante que parece emprestado do cenário de uma sitcom, ele tira o brinco chamativo que ela está usando e o substitui por um modelo mais tradicional, e em seguida lhe dá uma batidinha descontraída no queixo. Há uma cena em que Mann aparece atrás de uma cortina transparente, pressionando o rosto contra o tecido com ar consternado, e que leva a outra cena em que ela está saindo para ensaiar com a banda. Nesse momento, ele a confronta nos degraus da sua casa de fachada de tijolos; quando ele tenta pegar sua guitarra à força, ela escapa e se afasta.

Quando ela volta, ele lhe dá um sermão por ter chegado atrasada. "Olhe, esse seu hobbyzinho já foi longe demais. Por que você não pode fazer alguma coisa pra mim, pra variar?" Quando ela fala pela primeira vez — "Tipo o quê?", ela pergunta, levantando o queixo, desafiando-o —, ele a ataca, empurrando-a contra a escada e beijando-a à força.

No final do clipe, eles aparecem sentados na plateia do Carnegie Hall. O namorado passa o braço por uma Aimee em versão lapidada — sentada em silêncio, amarrada com pérolas emudecidas —, mas depois descobre seu rabicho loiro e faz uma careta de desgosto. Mann canta — a princípio baixinho, depois mais alto, arrancando um enfeite da cabeça. Então ela se levanta e começa a gritar, começa a cantar gritando — "He said 'Shut up'/ He said 'Shut up'"\* — e todo mundo se vira para olhar para ela. Essa cena final, de acordo com Mann numa entrevista concedida anos depois, foi inspirada no filme *O homem que sabia demais*, de Hitchcock, no qual a personagem de Doris Day solta um grito de gelar a espinha para impedir que um assassinato aconteça durante um concerto.

Muito depois da estreia do clipe, em 1999, o produtor da música revelou que a primeira demo continha pronomes femininos — na versão original, Mann estava falando de uma mulher. "A gravadora não gostou muito da letra, como era de se esperar", ele escreveu,

---

\* "Ele disse 'cala a boca'/ Ele disse 'cala a boca'." (N. T.)

já que essa era uma música de forte apelo comercial e eles queriam reunir o máximo de elementos que pudessem agradar ao público *mainstream*. Eu não sabia o que pensar sobre essa pressão para mudar o gênero do par romântico, mas no fim acabei concluindo que isso não mudaria em nada o impacto da música. Será que uma música quase lésbica teria feito diferença no processo de libertação das homossexuais em questão, que tanto na época quanto hoje continuam atrás dos homens gays na jornada da aceitação social mais ampla? Não acho que seja o caso, mas era difícil julgar na ocasião.

"Se não há nada a ganhar em termos de transformação social", ele continuou,

> não há por que correr o risco de afastar as pessoas do tema principal ou confundi-las com um assunto que pode ser secundário para elas. Talvez seja melhor atraí-las, de forma subversiva, como a boa música pop sempre faz. Quantas pessoas hoje se interessam pelas pautas da comunidade gay porque um dia se emocionaram com a obra de artistas gays que não hastearam suas bandeiras de forma explícita, mas expressaram sentimentos humanos universais com que todos se identificavam? Reagimos, antes de tudo, ao que uma música tem de humano, e é isso que importa.

Vinte e sete anos depois — após décadas de carreira solo —, a mentira caiu por terra. Mann lançou um álbum, *Charmer*, que inclui a música "Labrador". O clipe é uma refilmagem cena a cena de "Voices Carry", com os clichês exagerados em nome do efeito cômico. A introdução — em que um diretor grosseirão e seboso admite que convenceu Mann a fazer o *remake* contra sua vontade — é engraçada de verdade. Mas a música em si é tão triste quanto "Voices Carry", se não mais: a narradora não consegue resistir e sempre acaba voltando para a pessoa que a agrediu, como um cachorro.

"I came back for more", Mann canta. "And you laughed in my face and you rubbed it in/ Cause I'm a Labrador/ And I run/ When the gun/ Drops the dove again."* No início, a música é dedicada a alguém que Mann chama de "Daisy".

Apesar de tudo isso — do fato de a representatividade ter sido reprimida, da esquisitice anos 1990 do clipe, que já perdeu a graça —, "Voices Carry" retrata o abuso verbal e psicológico de forma clara e compreensível. A mania que é inerente ao abuso — a intensa oscilação emocional, o ciclo homônimo — está presente na música até a medula: versos abafados, em tom menor, sem uma tonalidade definida que convergem num refrão retumbante em tom maior para, em seguida, se fechar mais uma vez. Aqui não há o charme otimista e irônico da música "He Hit Me (and It Felt Like a Kiss)" [Ele me bateu (e pareceu um beijo)], do grupo Crystals, produzida em 1963 por Phil Spector, que mais tarde mataria a atriz Lana Clarkson por resistir a suas investidas — embora essa seja uma outra metáfora musical. A despeito do tema pesado, ambas são músicas que grudam na cabeça e dão vontade de cantar junto.

E é o que eu faço. Canto junto, no caso. Toda vez que reli este capítulo enquanto escrevia este livro, "Voices Carry" ficou em minha cabeça — e em minha voz — por dias a fio. Enquanto trabalhava na última versão do manuscrito, fiz um intervalo para ir a uma praia do Rio de Janeiro e observar as ondas azul-esver-

---

* "Voltei querendo mais/ E você riu da minha cara e me passou a mão/ Porque eu sou um labrador/ E eu corro/ Quando o tiro/ Derruba mais uma pombinha no chão." (N. T.)

deadas que chegavam rodopiando à areia. Ao meu redor havia gente jogando futebol e cachorros correndo pelas ondas atrás das bolinhas, e a luz era âmbar, de tão leve, e percebi que eu estava cantando. *Shh, shh*, eu cantei para ninguém, *tente falar mais baixo.*

# *Casa dos Sonhos como* nota mínima

Quando eu era criança, meu pai me falou que, sempre que tivesse dificuldade para responder a uma pergunta numa prova, eu devia escrever tudo que sabia sobre aquele tema. Levei esse conselho a sério. Quando ficava em dúvida, preenchia todo o espaço com o que me lembrava, com o que sabia que era verdade, com o que *sabia dizer*. Eu floreava as cenas de um livro que conseguia visualizar nitidamente em vez de me desgastar tentando evocar aquelas que não conseguia. Registrava tudo o que sabia sobre um determinado estudo científico caso não conseguisse resolver as equações da avaliação. Quando não conseguia explicar por que certos momentos históricos tinham mudado o rumo do mundo, eu escrevia as historinhas das quais me lembrava.

Nunca vão poder dizer que não tentei.

# *Casa dos Sonhos como* exercício de estilo

Faria todo sentido se, durante o tempo que você passou na Casa dos Sonhos, seu trabalho piorasse. Por que não? Você estava arrasada; deve ter passado semanas ou meses da sua vida chorando, assoando o nariz e berrando de agonia.

Mas não: sua criatividade explode. As ideias transbordam de você, tantas ideias que você se inscreve em seis oficinas no seu último semestre de mestrado. Você começa a fazer experimentos com um estilo fragmentado. Talvez "experimento" seja um termo generoso; é que você não consegue se concentrar o suficiente para elaborar um enredo propriamente dito. Toda narrativa que você escreve acaba partida em pedaços e encaixada à força em alguma restrição, num sonho erótico oulipiano — listas e sinopses de episódios de séries de TV, e um texto com as cenas cortadas e contadas de trás para a frente. Parece que você consegue emendar uma ideia na outra, procurando por uma espécie de significado agregado. Você sabe que, partindo-as ao meio e reposicionando-as, abrindo-as e removendo suas engrenagens, conseguirá acessar sua verdade de um jeito que antes não conseguiria. Há tanto a ganhar quando invertemos a Gestalt. Dê um passo para trás, force os olhos. Há alguma coisa ali.

Você vai passar os próximos anos da sua carreira inventando explicações muito criativas para a estrutura das histórias que escreveu naquela época — e repetindo essas explicações para jovens leitores em salas de aula e plateias em livrarias; uma vez, numa entrevista com um comitê para uma vaga de professora universitária. Você diz: "Se a gente conta histórias de um jeito só, é porque não entendemos o que é uma história". Você não tem coragem de dizer o que pensa de verdade: eu cortei as histórias em pedaços porque eu estava caindo aos pedaços e não sabia o que fazer.

# *Traumhaus como* lipograma

Tão difícil narrar uma história quando falta algo primordial. Cogitar transmitir tanto substância quanto forma, como gostaria, mas com uma limitação singular: não contar com um tal símbolo ortográfico — um imbróglio, não? Uma privação dramática. Não um carro com a pintura gasta, ou uma lâmpada rachada, ou nata talhada. Um carro voando morro abaixo. Uma lâmpada luzidia. Nata misturada com bosta. Uma moça ocultou uma *coisa*, uma *coisa* minha; agora não acho mais. Só isso. Foi assim. Não acho, pois sumiu. Não acho, pois fugiu. Insisto, insisto, mas não consigo; quanto mais falho, mais minguo. Logo viro cisco, larva, lodo.

Uma coisinha atroz, o símbolo sumido. Todo mundo o *intui*. Todo mundo atina para charadas do tipo. Agora todo mundo a singulariza por suas chagas, por sua casca faltosa. Todo mundo só diz *Por qual razão não saiu?/ Por qual razão não partiu?/ Por qual razão não falou?*

(Ou: *Por qual razão ficou?*)

Luto para falar, mas falho, falho, falho. Só agora constato, afinal: a limitação arruína. Intoxica. Todo dia, toda hora, quando continuava ali, vivi intoxicada. Um dia fugi.

# *Casa dos Sonhos como* hipocondria

Você diz que ela precisa começar a fazer terapia, senão você vai terminar o namoro. De cara feia, ela concorda.

Ela de fato vai à terapia, por um tempo. Na primeira manhã, você faz o café da manhã para ela, a fim de que ela se prepare para enfrentar o mundo. Você se sente uma mãe no primeiro dia de escola da filha. Você fica sentada de calcinha e roupão, contemplando a manhã de inverno pela janela de vidro da cozinha dela.

Ela volta de bom humor, com um segundo café na mão; o nariz e a ponta das orelhas rosados por conta do inverno.

"O que o terapeuta disse?", você pergunta. "Eu sei que não devia perguntar. É que acho que…"

"A gente ainda está se conhecendo", ela diz. "Ainda é muito cedo pra saber."

As coisas melhoram por um tempo. Melhoram de verdade. Ela fica atenciosa, gentil, paciente. Traz surpresas da rua — comidinhas, molhos, as coisas de que você mais gosta — e as deixa para que você encontre quando acorda. Algumas semanas depois, ela conta por telefone que vai parar de ir à terapia. "Não tenho tempo pra isso", ela diz. "Ando ocupada pra caralho."

"É uma hora por semana", você diz, arrasada.

"Além do mais, ele disse que eu estou ótima", ela diz. "Disse que não preciso de terapia."*

"Você jogou coisas em mim", você diz. "Você me perseguiu pela casa. Você destruiu tudo ao meu redor. Você não tem nenhuma lembrança de ter feito isso. Isso não te preocupa?"**

Ela fica em silêncio. Então diz: "Tenho muita coisa pra fazer. Você não entende que eu trabalho demais".

Você se lembra de ter prometido que terminaria a relação se ela não procurasse ajuda. Mas resolve não insistir. Você nunca mais vai tocar nesse assunto.

---

\* Thompson, *Motif-Index of Folk-Literature*, Tipo X905.4, O mentiroso: "Não tenho tempo para mentir hoje", mente assim mesmo.
\*\* Thompson, *Motif-Index of Folk-Literature*, Tipo C411.1, Tabu: perguntar o motivo de uma atitude inusitada.

## *Casa dos Sonhos como* roupa suja

Um dia, ela pergunta "quem sabe sobre a gente?". Isso vira um bordão. É uma frase estranha — para algumas das gerações passadas pode ter significado tantas coisas. Quem sabe que estamos juntas? Quem sabe que somos namoradas? Quem sabe que somos queer? Mas quando ela pergunta, o motivo não dito é terrível, e esvaziado de nobreza ou romance: quem sabe que eu grito com você desse jeito? Quem ficou sabendo do que aconteceu no Natal?

Ela nunca diz isso com todas as palavras, é claro, ela só quer saber com quem você anda falando, quem ela deve começar a evitar, quem ela não precisa nem tentar bajular. Qualquer resposta a enfurece. Quando você diz "ninguém", ela te chama de mentirosa. Quando você diz "só meus colegas de casa", os olhos dela ficam secos e duros feito pedra.

# *Casa dos Sonhos como* cinco luzes

Na sexta temporada de *Star Trek: Nova geração*, o capitão Jean-Luc Picard é capturado pelos cardassianos durante uma missão secreta em Celtris III. Logo no início do segundo episódio do arco de dois episódios, os cardassianos interrogam Picard sobre os detalhes de sua missão e utilizam um soro da verdade.

Supostamente, Gul Madred quer a cooperação de Picard, além de informações sobre a estratégia de defesa para o sistema planetário Minos Korva. Como o soro não oferece os resultados desejados, ele implanta no corpo de Picard um dispositivo que, quando ativado, causa uma dor excruciante. "De agora em diante, vou me referir a você apenas como 'humano'", Madred lhe diz. "Você não tem nenhuma outra identidade." Eles tiram toda a roupa de Picard, penduram-no pelos pulsos e o deixam passar a noite assim.

Na manhã seguinte, Madred surge melífluo, calculado, incansavelmente cortês. Ele bebe do que parece ser uma garrafa térmica de café como um burocrata cansado. Depois ativa uma fileira de luzes no alto, cobrindo Picard de luminosidade. Picard se esquiva e se protege com os braços como um velociraptor ferido. Madred pergunta quantas luzes ele vê.

"Quatro", Picard diz.

"Não", Madred responde. "São cinco."

"Tem certeza?", Picard pergunta.

Madred aperta o botão do dispositivo que traz na mão; Picard se contorce, cambaleia e cai no chão, agonizando. Trata-se de um pastiche de uma cena do filme *1984*, mas também há alguns ecos, muito tênues, de *A princesa prometida*. Madred demonstra uma empolgação exagerada com sua máquina. *Essa foi a menor intensidade.*

"Não sei nada sobre Minos Korva", Picard diz.

"Mas eu disse que acredito em você. Não perguntei sobre Minos Korva. Perguntei quantas luzes você vê."

Picard levanta os olhos semicerrados. "São quatro luzes."

Gul Madred suspira como um pai decepcionado com o filho. "Não entendo como você pode estar tão equivocado."

Picard aperta os olhos e diz: "Que luzes?". O espasmo que o atravessa é tão forte que seu corpo salta da cadeira e atinge o chão.

Deitado no chão, Picard balbucia uma canção folclórica francesa de sua infância. "*Sur le pont d'Avignon, on y danse, on y danse.*" (Na ponte de Avignon, estamos todos dançando, estamos todos dançando.)

"Onde você estava?", Madred pergunta.

"Em casa. Jantar de domingo. Todos cantávamos depois."

\* \* \*

    Madred abre a porta e diz a Picard que ele pode ir. Mas, quando Picard se prepara para partir, Madred diz que, em vez dele, vai torturar a dra. Crusher. Picard volta à cadeira.
    "Você está escolhendo continuar comigo?", Madred pergunta.
    Picard fica em silêncio.
    "Excelente", Madred diz. "Você não imagina como isso me agrada."

    Mais tarde, Madred dá de comer a Picard. Ovo de taspar cozido, "uma iguaria", ele diz. Quando aberto, é uma massa gelatinosa que se remexe e tem um olho bem no centro. Picard sorve os conteúdos da casca. Madred come sua própria refeição e conta uma história de sua infância de pobreza nas ruas de Lakat, em seu mundo de origem.
    "Apesar de tudo que você fez contra mim", Picard diz com uma lucidez admirável, "te acho um homem digno de pena."
    A cordialidade de Madred desaparece. "Como a Federação planeja defender Minos Korva?", ele grita.
    "São quatro luzes!", Picard diz.
    Gul Madred aciona o dispositivo, e Picard começa a se debater. "Quantas nós vemos agora?"
    Picard grita, chora, canta. *Na ponte de Avignon, estamos todos dançando, estamos todos dançando.*

    De volta à *Enterprise*, a tripulação negociou a liberação de Picard. Na última cena em que Picard e Madred aparecem juntos, Picard pega o dispositivo que controla a dor e o esmaga numa mesa. Madred explica calmamente que não há problema, que ele tem muitos outros.

"Pode ser", Picard diz, "mas eu gostei."

"Aproveite essas sensações boas enquanto é tempo. Talvez você não tenha muitas delas pela frente." Madred então explica que uma batalha se iniciou, e que a *Enterprise* está "em chamas no espaço". Todos vão supor que você morreu com eles, Madred diz, então você ficará aqui para sempre. "Entretanto, você tem uma escolha. Você pode viver uma vida de sofrimento, preso aqui, sujeito às minhas vontades. Ou pode viver com conforto, boa comida, roupas quentes, as mulheres que desejar, com a permissão de prosseguir com seus estudos de filosofia e história. Eu gostaria de debater esses temas com você; sua mente é afiada. A escolha é sua. Uma vida de tranquilidade, reflexão e desafios intelectuais. Ou isso."

"O que devo fazer?", Picard diz.

"Nada, na verdade", Madred diz. Ele olha para cima, como se observasse a chuva antes de sair debaixo de um toldo. "Diga-me... Quantas luzes você vê?"

Picard olha para cima. Ele está com a barba por fazer, maltrapilho, coberto de suor. Seu rosto é uma imagem em rápida transformação, entre a perplexidade e a negação, a confusão e o desespero.

"Quantas? Quantas luzes?", Madred repete. Fora da cena, ouvimos uma porta se abrir, e a expressão de Madred se agita um pouco. "É sua última chance. Os guardas estão chegando. Não seja um tolo teimoso. Quantas são?" É a primeira vez que ele parece fraco, que exibe uma necessidade verdadeira.

Algo na expressão de Picard se rompe. Ele grita: "São... quatro... luzes!".

Toda vez que revejo esse clímax, sinto uma coisa arranhando dentro de mim, como se esfregasse os cacos de uma caneca quebrada um no outro. Não é um grito vitorioso. É um grito sofrido, humilhante. A voz dele falha como a de um menininho. Na última palavra, *luzes*, ele parece estar com a boca cheia de mingau.

    Mais tarde, em segurança na *Enterprise*, Picard conversa com a conselheira Troi sobre sua experiência. "O que deixei de fora do relatório", ele diz, "foi que, no final, ele me deixou escolher entre uma vida de conforto ou mais tortura. Tudo que eu precisava fazer era dizer que via cinco luzes quando na verdade havia apenas quatro."

    "Você não disse?", Troi pergunta.

    "Não. Não", ele diz. "Mas eu ia dizer. Eu teria dito qualquer coisa. Qualquer coisa. Porém, mais que isso, eu acreditei que estava vendo cinco luzes." O olhar dele repousa, vazio, à meia distância.

# *Casa dos Sonhos como* horror cósmico

*Perversa* é uma palavra potente. Você usa essa palavra uma vez, e sente um gosto ruim: metálico, falso. Mas que outra palavra usar para descrever alguém que a faz sentir tão impotente?

Muitas pessoas no mundo já fizeram você se sentir impotente: o típico praticante de bullying; seu pai e sua mãe, e a maior parte dos adultos, quando você era criança; os burocratas incorrigíveis dos correios e do Departamento de Veículos Motorizados. Um médico que não acreditou que você estava doente, isso cerca de dois minutos antes de você projetar um jato de vômito contra a parede. Uma equipe de enfermeiras que seguraram seus braços abertos à força para tirar seu sangue quando pensavam que você estava com câncer. (Você não estava, mas nunca conseguiram entender por que você passou tanto tempo da sua infância se contorcendo de dor.)

Mas será que alguma dessas pessoas parecia tirar prazer disso? Será que alguma fazia com que você se sentisse cúmplice do seu próprio sofrimento? Você superou seus pais e as crianças que faziam bullying. Você xingou os tiranos da vida cotidiana com seus amigos; você confrontou o médico enquanto espalhava pelo chão um longo fio da sua saliva ácida; você enfrentou aquelas enfermeiras com a mesma força com que tentavam te matar.

*Doentia* parece uma palavra mais adequada, mas o gosto também é ruim. É muito parecida com *perturbada*, que foi a palavra que sua amiga mais próxima e mais antiga, que tinha se tornado muito religiosa depois da infância, usou quando você contou para ela que era queer. Foi por e-mail, mas mesmo assim você reagiu se encolhendo inteira, e antes do parágrafo seguinte — no qual ela explicava que estava meio que aliviada por você não ter dito que estava a fim dela — você já estava chorando.

## *Casa dos Sonhos como* galpão no norte do estado de Nova York

Muitos anos depois, escrevi parte deste livro num galpão da casa de campo da falecida Edna St. Vincent Millay. Eu ainda não sabia que estava escrevendo o livro, e levaria mais dois verões para perceber que era um livro sobre uma casa que não era uma casa e um sonho que não era sonho coisa nenhuma. Mas rascunhei cenas, rabisquei anotações e desenterrei muitas lembranças olhando para a parede do galpão.

Depois de algumas semanas de trabalho, enquanto fazia uma trilha pelo bosque, dei de cara com o que pensei ser um monte de lixo. Quando cheguei mais perto, entendi o que era: uma imensa pilha de garrafas de gim e antigos frascos de morfina, onde a então empregada doméstica de Edna havia descartado o que não lhe servia mais.

Havia algo de horripilante naquela montanha de vidros. Eu tinha acabado de terminar de ler a biografia de Edna e descobrira que, semanas depois de seu marido ter morrido, ela sofrera uma queda que a levou à morte na escada da sua casa, provavelmente num estado de embriaguez. Teria sido um terrível acidente? Suicídio? Todos tinham alguma teoria. A biografia me revoltou. Edna tratava seus amantes, tanto homens quanto mulheres, com uma crueldade desmedida. Era talentosa, mas arrogante; genial, mas profundamente egocêntrica.

E ainda assim, lá, em meio às árvores, vendo o tamanho da sua dor, a proporção dos seus problemas, senti uma fisgada de compaixão. Não devia ser nada fácil se relacionar com ela, mas também não devia ser nada fácil ser ela.

Certo dia, um pássaro se chocou contra a janela do meu estúdio. Eu estava sentada numa bola de pilates e caí para trás, aterrorizada. Em quase todas as residências em que estive desde então, encontrei pelo menos um pássaro desmaiado, estatelado no chão. Eu aprendi: eles nunca veem o vidro. Só veem o reflexo do céu.

# *Casa dos Sonhos como* naufrágio

Em Nova York, naquele inverno, quando você anda devagar demais para o gosto dela, ela te abandona numa feirinha de artesanato montada em contêineres no Brooklyn. Você fica lá em pé, com sua mala de viagem e sua jaqueta corta-vento, e, quando sai andando, ela diz que talvez você devesse voltar para a casa dos seus pais em Allentown, já que não consegue lidar com a cidade grande.

(Esse, conforme você vai perceber depois, é um padrão de comportamento: ela adora te largar em lugares onde você não conhece ninguém, onde não tem nenhum poder, onde não pode simplesmente se levantar e sair. Ao longo da relação de vocês, ela vai te abandonar em Nova York sete vezes, no total.)

Você se senta num banco e, meio grogue, tenta comprar uma passagem de ônibus pelo celular, mas seu aparelho está sem espaço de armazenamento e a tela não reage como deveria ao seu dedo. Quando você levanta a cabeça, ela de fato foi embora, e você entra em pânico, porque não conhece Nova York, e não só não conhece Nova York como odeia Nova York, está com bagagem de mais e dinheiro de menos para pegar um táxi, e nem sabe a diferença entre *uptown* e *downtown*. Os nova-iorquinos andam por todos os lados: tão confiantes, tão cosmopolitas. Não são o tipo de gente que a namorada abandona numa feirinha de artesanato alternativa.

Você chora tanto que uma mulher alta com dreadlocks no cabelo sai do seu contêiner e se aproxima de você. Ela se senta ao seu lado no banco, passa o braço ao redor do seu ombro e pergunta se pode ajudar de alguma forma. Você soluça e enxuga o nariz com a mão, e diz que não, não, que é só um dia ruim, e ela volta para o contêiner para pegar alguma coisa.

Quando volta, ela te entrega uma caixinha de incenso de pinheiro e um incensário de madeira entalhada. "Para o seu ano-novo", ela diz, e você quer acreditar que ela tem razão — que, apesar de seu sofrimento parecer eterno, inexorável, o novo ano promete ser melhor, e logo vai chegar.

## *Casa dos Sonhos como* gravidez mística

Todo programa de TV a que você assistiu durante seus vinte anos envolvia algum tipo de gravidez mística. Toda personagem feminina interessante precisa passar por isso, ou pelo menos é o que os produtores parecem pensar. Vampiras engravidam de mortais com poderes mágicos; mulheres que estão em coma trazem deuses ao mundo e oficiais da frota estelar, energia mística; viajantes do tempo descobrem que são avatares de carne há meses, e que seu corpo propriamente dito está em algum lugar muito distante e prestes a dar à luz. Uma mulher acorda no dia do seu casamento e se descobre completamente grávida, graças à cortesia de um alienígena.

Você pensa nesses episódios quando começa a ter sintomas de gravidez na Casa dos Sonhos. Você vomita na privada, sente-se inchada e meio esquisita. Vocês duas falaram em ter um filho por tanto tempo — uma menininha, Clementine, de cabelo armado que nem um cotonete, igual ao dela — que você abre mão do raciocínio lógico e se pergunta se poderia estar grávida. Vocês transaram tanto, e a intensidade do sexo de vocês está longe de ser só imaginação. Você pensa em dizer para ela "há! Com esse enjoo parece até que fiquei grávida, estranho, né?", mas fica morrendo de medo — da transformação corporal radical que é a gravidez, dos perigos do parto, da natureza implacável da maternidade e, acima de tudo, das coisas pelas quais ela vai te acusar. Do que ela vai fazer depois.

Você bebe gengibirra, passa um bom tempo deitada, recusa comida por uma tarde inteira com a desculpa de ter tomado um lanchinho, algo que definitivamente não era verdade. Você não pode estar grávida, você não pode estar grávida, você literalmente, absolutamente não pode estar grávida de jeito nenhum.* Você

---

* Thompson, *Motif-Index of Folk-Literature*, Tipos T511.1.3, Concepção pela ingestão de manga; T511.1.5, Concepção pela ingestão de limão; T511.2.1, Concepção pela ingestão de mandrágora; T511.2.2, Concepção pela ingestão de agrião; T511.3.1, Concepção pela ingestão de pimenta em grão; T511.3.2, Concepção pela ingestão de espinafre; T511.4.1, Concepção pela ingestão de uma rosa; T511.5.2, Concepção pela ingestão de verme (num gole d'água); T511.5.3, Concepção pela ingestão de piolho; T511.6.1, Concepção pela ingestão de coração de mulher; T511.6.2, Concepção pela ingestão de falanges; T511.7.1, Concepção pela ingestão de mel oferecido por amante; T511.8.6, Concepção pela deglutição de uma pérola; T512.4, Concepção depois de beber lágrimas de santo ou santa; T512.7, Concepção depois de beber orvalho; T513.1, Concepção através de desejo alheio; T514, Concepção em decorrência de desejo recíproco entre duas pessoas; T515.1, Fecundação através de olhar lúbrico; T516, Concepção por meio de sonho; T517, Concepção por coito extraordinário; T521, Concepção pela luz do sol; T521.1, Concepção pela luz da lua; T521.2, Concepção pelo arco-íris; T522, Concepção pela chuva; T523, Concepção em decorrência do banho; T524, Concepção pelo vento; T525.1, Concepção por meio de estrela cadente; T525.2, Fecundação por um cometa; T528, Fecundação por trovão (relâmpago); T532.1.3, Fecundação por folha de alface; T532.1.4, Concepção pelo cheiro de um coração de dragão cozido; T532.1.4.1, Concepção depois de cheirar osso triturado; T532.2, Concepção depois de pisar num bicho; T532.3, Concepção por fruta arremessada contra seio; T532.5, Concepção depois de usar o cinto de outra pessoa; T532.10, Concepção por silvo de cobra venenosa; T533, Concepção por cuspe; T534, Concepção por sangue; T535,

faz um teste de gravidez mesmo assim, que nem uma idiota, e é claro que dá negativo, porque faz anos que pênis nenhum encosta em você. Você fica com medo de que ela encontre o teste, então o enfia num saco plástico e joga-o no lixo de algum vizinho da rua depois que ela saiu para a aula.

---

Concepção por fogo; T536, Concepção por plumas que caem sobre uma mulher; T539.2, Concepção por um grito.

# *Casa dos Sonhos como* livro-jogo

Você acorda e o ambiente está claro e embaçado. O quarto irradia uma satisfação efervescente, apesar das caixas, roupas e louças. Você pensa consigo mesma: *é com manhãs assim que você se acostumaria fácil.*

Quando você se vira, ela está te olhando fixamente. A inocência cintilante da luz azeda na sua barriga. Se um dia você passou de acordada para aterrorizada tão rápido, você não se lembra.

"Você não parou de se mexer a noite inteira", ela diz. "Ficou encostando o braço e o cotovelo em mim. Não me deixou dormir."

Se você pede mil desculpas, vá para a página 240.
Se você diz para ela te acordar da próxima vez que estiver dormindo e encostar o cotovelo nela, vá para a página 241.
Se você diz para ela se acalmar, vá para a página 243.

"Nossa, me desculpe", você diz. "Foi sem querer, juro. É que eu mexo muito os braços quando estou dormindo." Você tenta levar na esportiva. "Sabia que meu pai faz a mesma coisa, essa pose de donzela adormecida? É bizarro. Eu devo ter..."

"Você está pedindo desculpas mesmo?", ela diz. "Não parece."

"Estou", você diz. Você quer a primeira impressão da manhã de volta; aquele frescor, aquela luz. "Sério."

"Então prove."

"Como?"

"Pare de fazer isso."

"Eu já falei, não consigo."

"Vai se foder", ela diz, e sai da cama. Você a segue o caminho inteiro até a cozinha.

Vá para a página 245.

"Amor, se algum dia isso acontecer de novo, fique à vontade pra me acordar e eu vou pro sofá, eu prometo. Juro que não faço de propósito. Não me lembro de fazer nada. Não consigo controlar os movimentos que faço enquanto estou dormindo."

"Você é uma vaca do caralho, mesmo", ela diz. "Você não é capaz de assumir seus erros."

"A única coisa que você precisa fazer é me acordar", você diz, e um desespero incoerente atravessa seu cérebro com um zunido. "Só isso. Me acorde e me fale pra mudar de posição ou dormir no sofá e eu vou, eu te juro."

"Vai se foder", ela diz, e sai da cama. Você a segue até a cozinha.

Vá para a página 245.

Olha você aqui, numa página em que não deveria estar. É impossível chegar aqui naturalmente; o único jeito é roubando no jogo. Você gosta, por acaso, de ter roubado para chegar aqui? Que tipo de pessoa faz uma coisa dessas? Você é um monstro? Talvez você seja um monstro.

FIM. Vá para a página 255.

Que porra é essa? Você nunca faria isso. Pare de tentar fazer essas pessoas acreditarem que você sabe se defender. Saia daqui.

FIM. Vá para a página 255.

Não era para você estar nesta página. Não há como chegar aqui pelas opções que lhe foram oferecidas. Você pulou páginas e chegou aqui porque se cansou do ciclo. Você quis sair. Você é mais inteligente que eu.

Vá para a página 248.

Café da manhã. Você faz uns ovos mexidos, umas torradas. Ela come de forma burocrática e deixa o prato na mesa. "Limpa isso aí", ela diz, indo para o quarto trocar de roupa.

Se você obedece, vá para a página 246.
Se você diz para ela mesma limpar, vá para a página 243.
Se você fica olhado para o prato sujo sem dizer nada, e só consegue pensar em Clara Barton, ícone feminista da sua adolescência, que precisou aprender sozinha as técnicas de enfermagem e que constantemente enfrentou o abuso de homens que lhe diziam o que fazer, e se lembra de ficar com *muita raiva* e de correr para perguntar aos seus pais se as mulheres ainda tinham que ouvir os outros dizerem o que era certo ou adequado, ao que sua mãe disse "Sim" e seu pai disse "Não", e de ter, pela primeira vez, tido uma vaga ideia de como o mundo era complicado e terrível, vá para a página 248.

Enquanto lava a louça, você pensa consigo mesma: talvez eu pudesse prender meu braço de algum jeito? Talvez cravar uma tachinha na minha testa? Talvez eu devesse ser uma pessoa melhor?

Vá para a página 248.

Não era para você estar nesta página. Não há como chegar aqui pelas opções que lhe foram oferecidas. Você achou que, lendo este capítulo de forma linear, sentiria algum tipo de alívio? Você ainda não entendeu? Toda essa merda já aconteceu, e você não pode impedir que aconteça, independente do que fizer.

Quer uma foto de um filhote de corça? Vai ajudar? Tudo bem. Aqui está uma corcinha. É pequena e cheia de manchas e tem as perninhas moles. Ela escuta algum barulho, fica quieta, depois sai em disparada. Ela sabe o que fazer. Ela sabe que há um lugar mais seguro.

Vá para a página 248.

Naquela noite, ela te come enquanto você fica deitada, muda, rezando para acabar logo, rezando para ela não perceber que você está muito longe. A essa altura, você esvaziou seu corpo tantas vezes que já se tornou força do hábito, algo tão automático quanto um suspiro; parece seu primeiro namorado que te comia vendo pornô — a forma como ele se entregava à própria luxúria e de vez em quando erguia o controle remoto para voltar o vídeo e rever algo que você não conseguia enxergar. (Uma vez você levantou a cabeça por cima da beira da cama e viu um amontoado de membros virados do avesso e seu cérebro não conseguiu processar o que via; você nunca mais olhou.) Você só ficava deitada em silêncio, vendo o rosto dele pairar sobre você. Era como se estirar debaixo da abertura do planetário quando criança e ficar observando a rotação acelerada da terra, o movimento das estrelas no alto, as constelações derretendo, oscilando entre a existência e a não existência, enquanto uma voz distante e incorpórea contava alguma história milenar para tentar dar conta daquilo tudo.

Você estremece e geme com precisão. Ela apaga as luzes.

Você observa a escuridão até que ela a deixe; ou que você deixe a escuridão.

> Para dormir, vá para a página 253.
> Para sonhar com o passado, vá para a página 250.
> Para sonhar com o presente, vá para a página 252.
> Para sonhar com o futuro, vá para a página 251.

Da primeira vez que aconteceu — da primeira vez que ela gritou tanto que você começou a chorar trinta segundos depois de acordar, um recorde —, ela disse: "Nos primeiros dez minutos do dia, eu não me responsabilizo por nada do que falo". Na hora, você achou poético. Até anotou num papel, apostando que um dia encontraria um lugar para isso: um livro, talvez.

Vá para a página 253.

Vai ficar tudo bem. Um dia, sua esposa vai ajeitar seu braço com delicadeza se ele encostar no rosto dela à noite, endireitando-o com cuidado enquanto te beija. Às vezes, você vai acordar só o suficiente para perceber o que está acontecendo; noutras, ela só dirá pela manhã. É com manhãs assim que você se acostumaria fácil.

Vá para a página 253.

Você não devia estar aqui, mas tudo bem. É só um sonho. Ela não vai te encontrar aqui. Daqui a pouco você vai acordar, e vai parecer que está tudo igual, mas não está. Existe uma saída. Você está me ouvindo? Você não pode esquecer quando acordar. Você não...

Vá para a página 253.

Você acorda e o ambiente está claro e embaçado. O quarto irradia uma satisfação efervescente, apesar das caixas, roupas e louças. Você pensa consigo mesma: *é com manhãs assim que eu me acostumaria fácil.*

Quando você se vira, ela está te olhando fixo. A inocência cintilante da luz azeda na sua barriga. Se um dia você passou de acordada para aterrorizada tão rápido, você não se lembra.

"Você não parou de se mexer a noite inteira", ela diz. "Ficou encostando o braço e o cotovelo em mim. Não me deixou dormir."

Se você pede mil desculpas, vá para a página 240.
Se você diz para ela te acordar da próxima vez que estiver dormindo e encostar o cotovelo nela, vá para a página 241.
Se você arranca os lençóis de cima do corpo e golpeia o chão com ambos os pés e corre pela casa como gato sobre brasas, e, quando chega à garagem, as chaves do carro já estão na sua mão e você sai pelo portão cantando pneu de forma performática para nunca mais voltar, vá para a página 254.

Não foi assim que aconteceu, mas não tem problema. A gente pode fingir que foi. Eu deixo, mas só dessa vez.

Vá para a página 255.

# Casa dos Sonhos como L'appel du Vide

Quando chega ao fundo do poço, você flerta com a ideia de morrer. Tropeçar numa calçada e acabar indo de encontro a um carro que vem vindo do outro lado. Um vazamento de gás que te mande dessa pra melhor em silêncio, enquanto dorme. Um louco com um facão no transporte público. Cair pela escada, mas bêbada, porque assim você desmantela um membro por vez como uma marionete e não sente dor. Qualquer coisa para dar um fim a essa situação. Você se esqueceu de que pode ir embora.

## *Casa dos Sonhos como* libreto

Meu professor de música do ensino fundamental passou uma versão cinematográfica de *Carmen* para a turma, aquela bem famosa em que Julia Migenes levanta a saia durante a Habanera. Ele devia estar só tentando levar um pouco de cultura para vocês todos, mas a única coisa que meus colegas conseguiram extrair da sessão e da discussão que se seguiu foi que Carmen era uma prostituta que não raspava as axilas e, por consequência, de acordo com a lógica dos treze anos, eu também devia ser uma prostituta que não raspa as axilas. Eles não paravam de me fazer essas duas perguntas. Ressentida depois de uma década de piadas com a Carmen Sandiego, eu estava pronta para desistir de vez do meu nome.

Quando Carmen canta, ela diz aos homens que a rodeiam que o amor é uma coisa volátil, que é bom eles tomarem cuidado. Don José se entrega completamente, perde-se nela. Quando no final ela vai embora, ele implora que ela não vá. Ela lhe diz que nasceu livre e vai morrer livre.

Aí ele a esfaqueia e ela morre.

Confessando seu crime à multidão que se aglomera, ele se joga sobre o cadáver de Carmen e grita: "Ah, Carmen! Carmen, minha adorada!", como se não tivesse acabado de matá-la com as próprias mãos.

## *Casa dos Sonhos como* thriller de ficção científica

Uma noite, John e Laura perguntam se você quer ver um filme com eles: *Linha mortal*. Julia Roberts, Kiefer Sutherland, Oliver Platt, Kevin Bacon: estudantes de medicina brincando com o limiar da morte. Você fica toda animada; lembra-se de ter visto esse filme na TV quando era adolescente, e vai gostar dessa alta dose de nostalgia. Vocês fazem drinques e sentam-se juntos.

Assim que o filme começa, você cai no sono com as pernas penduradas no braço do sofá.

Você está cansada. Você está cansada e a sala está quentinha e escura, e John e Laura estão lá, respirando calmamente ao seu lado. Você se lembra da abertura — silhuetas de estátuas à meia-luz do pôr do sol e um arranjo de coro complexo e dramático tocando ao fundo, e Kiefer Sutherland declarando que é um bom dia para morrer. E aí você apaga. Você não sonha. Quando acorda, o filme acabou; você perdeu tudo. E ainda assim você fica tão contente ali, naquele ambiente, naquele momento logo depois de acordar e antes de se lembrar do seu telefone.

Quando você entra no seu quarto, o celular está lá parado,

conectado ao carregador. Imóvel e pérfido. Quando você pega o aparelho, há chamadas perdidas e mensagens de texto. Você liga de volta para ela, tremendo, com os músculos do peito se contorcendo de ansiedade.

"Alô." Você consegue ouvir o ódio queimando na voz dela.

"Mil desculpas", você começa a se explicar, ofegante. "É que a gente…"

"Com quem você estava trepando?"

Você sente o peito se comprimindo.

"Com ninguém", você diz.

"Espera", você diz. "Espera, espera, eu posso…"

Você corre para a sala de estar, onde John e Laura estão esparramados, satisfeitos como dois gatos. John vê seu rosto e se levanta.

"Eu posso te provar", você diz a ela. "O John e a Laura estão aqui, posso dar o celular para eles, eles podem te falar, podem provar que eu não estava com ninguém, a gente só estava vendo um filme…"

Se você viver eternamente, se viver até o Sol colidir com a Terra, nunca vai se esquecer da expressão de John, da forma como ele se curva para a frente e parece arruinado de tristeza. Ele balança a cabeça só um pouquinho, embora não fique claro se ele está recusando a tarefa ou recusando a realidade em que essa tarefa lhe é solicitada.

"Não", ela diz. A fumaça na sua voz se dissipa de imediato. "Não, deixa quieto."

Depois disso você fala com ela, você tem quase certeza, mas não tem nenhuma memória do diálogo. O momento em que você acordou naquele sofá — antes de se lembrar do celular e recordar toda a sua vida — foi um dos melhores daquele ano. Um momentinho isolado de segurança e esquecimento. Uísque, suspiros, corpos. Os créditos sobem rastejando no escuro.

## *Casa dos Sonhos como* déjà-vu

Ela diz que te ama, de vez em quando. Ela vê suas características, e você devia ter vergonha delas. Ah, se você fosse a pessoa certa pra ela. Ela te protegeria, ela ia querer ficar velhinha ao seu lado, se pudesse confiar em você. Você não é sexy, mas ela topa transar com você. Às vezes, quando você olha seu celular, descobre que ela te mandou alguma coisa absurdamente cruel, e sente uma fisgada de medo entre as omoplatas. Às vezes, quando percebe que ela está te olhando, você sente que ela está decidindo qual é o melhor jeito de te desmontar.

# *Casa dos Sonhos como* ficção de mistério

Cai um raio, a luz acaba, e quando a energia volta uma convidada do jantar está tombada sobre a sobremesa com um punhal cravado nas costas. O cabo do punhal é incrustado de pedras preciosas, mas a tiara da vítima desapareceu. Quando a detetive à paisana revela sua identidade — a repórter intrépida, é claro! —, o mistério se intensifica: o valor das pedras do cabo do punhal é muito maior que o da tiara roubada, cujos diamantes eram de vidro. Qual deles abriria mão de um instrumento de valor imensurável em troca de algo tão desprezível? E de forma tão audaciosa, diante de tantas pessoas?

A repórter intrépida anda de um lado para o outro sobre o tapete persa, de frente para os suspeitos. Será que foi Heathcliff, o estivador parrudo que se tornara chefe da máfia? Ethan, o alpinista social emperiquitado com olhos de um esplendor distante como o de Marte? Samson, o artista experimental com um passado nebuloso e enigmático? A repórter passa dezenas de vezes por uma mulher loira e franzina que está sentada num canto, mas nunca a inclui na lista. A mulher loira está inclinada para trás, impassível, observando o desenrolar dos acontecimentos. Ela assente e escuta, e de quando em quando ergue o queixo na direção da repórter intrépida e abre um sorriso encantador.

A repórter intrépida se volta para Samson com um dedo trêmulo e enluvado. Samson se levanta para se defender. Ethan começa a gritar, Heathcliff lança um olhar furioso. E ninguém presta atenção na mulher loira, que se levanta e se aproxima do cadáver da convidada. Ela pega o punhal com as duas mãos e o retira do corpo como o rei Arthur deflorando a pedra.

O corpo da convidada, cujos olhos são grandes e estão úmidos de traição, se eleva com o movimento e em seguida despenca de novo em seu lugar à mesa, o bolo de limão esmagado contra o seio. A mulher loira limpa o sangue do punhal no vestido da convidada e o devolve à sua bolsa. Todos continuam discutindo enquanto ela sai pela porta da frente e anda rumo à noite.

# IV

*A desvantagem de deixar que as pessoas vejam seu pior momento não é o fato de que elas se lembrarão; é que você se lembrará.*

Sarah Manguso

# *Casa dos Sonhos como* medida paliativa

Ela é aprovada no mesmo programa de mestrado em Belas-Artes que você faz e vai se mudar da Casa dos Sonhos para morar em Iowa City. Ela fala em morar com você. Você comemora toda fofa pelo telefone, mas, quando desliga, sente o que sentiu quando era criança e seu irmão arremessou uma bola de beisebol no seu nariz: sangue morno descendo no fundo da garganta; leite e metal.

# *Casa dos Sonhos como* o apocalipse

De acordo com alguns estudiosos e estudiosas da escatologia, era para o fim do mundo ter acontecido em 2012. E aconteceu, de certa forma.

Mas o fim não veio como fogo ou dilúvio. Nenhum cometa reluzente atingiu nosso planeta. Nenhum vírus se alastrou de continente em continente até só restarem corpos espalhados pelas ruas. A vegetação do mundo não cresceu até tomar conta dos edifícios. Não ficamos sem oxigênio. Não desaparecemos ou viramos pó. Não acordamos todos com o travesseiro encharcado de sangue. Não testemunhamos o feixe de luz de uma nave alienígena entalhando fossos na crosta da terra. Não nos transformamos em animais. Não morremos de fome nem usamos toda a água potável. Não desencadeamos uma nova era do gelo e morremos congelados. Não morremos engasgados com a poluição que nós mesmos criamos. Não fomos sugados por um buraco de minhoca. O sol não nos engoliu.

No fim do mundo, o parque estava lindo e fazia calor. A grama estava um pouco alta. As árvores eram pontuadas por pássaros.

# *Casa dos Sonhos como* final-surpresa

"Eu me apaixonei por outra pessoa", ela diz. Vocês duas estão sentadas num parque de Iowa City, perto de um campo de beisebol, depois do chá de bebê de uma amiga, e você nem sabe como a conversa tomou esse rumo. A grama está lotada de dentes-de-leão, e você se lembra, de súbito, daquela brincadeira que sempre fazia na infância, com o queixo amarelo, apaixonada.

"O quê?", você diz.

"Pela Amber", ela diz. Você pensa na Amber — uma colega da sala dela em Indiana, magra como um palito e ruiva, com uma voz tímida e baixinha. "A gente se beijou uma vez, meio bêbadas, e eu percebi que me apaixonei por ela."

Você fica olhando para ela, passando para a frente o filme mental de todas as vezes que ela te acusou de apenas olhar para as outras pessoas do jeito errado. Os olhos dela encontram os seus por um instante, depois se afastam. Ela passa o braço pelo encosto do banco, como se fosse te puxar para perto. Ela não o faz.

Você entra no seu carro, vai para uma rua longe dali e estaciona. Não há espaço no seu cérebro para chorar. Você pega seu celular e vê, numa rede social de escambos, que alguém está doando as fichas catalográficas de uma biblioteca que foi fechada. Você vai até um café na região e pega uma pilha de fichas com uma mulher muito simpática que deve estar se perguntando por que você está com cara de quem foi obrigada a comer cocô de cachorro com uma arma apontada para a cabeça. De volta à sua casa, você calmamente guarda a pilha de fichas junto com sua coleção de recortes, pensando que pode fazer uma colagem.

Bem mais tarde, sua namorada — namorada? — aparece na sua casa e diz que precisa voltar para Bloomington. Onde ela estava esse tempo todo? Ela não diz, mas te dá um beijo. "Acho que é nosso destino passar por isso", ela diz. "Não se preocupe. Prometa que você não vai se preocupar."

# *Casa dos Sonhos como* desastre natural

Tenho uma azia terrível. É o antidepressivo, que ajuda a controlar minha ansiedade, mas traz um monte de efeitos colaterais horrorosos, tipo uma pessoa boa que não consegue se livrar de um amor ruim. De quando em quando, tomo meus remédios da noite e dentro de alguns minutos sinto que alguém enfiou um atiçador de lareira no meu esôfago. Mastigo antiácidos e vou até o banheiro. Não é raro que a dor, ou a intensidade do efeito neutralizador, me faça vomitar. Eu me transformo no trabalho que todo mundo queria fazer na feira de ciências da escola.

Quando me debruço sobre a privada, sempre penso que meu coração é um vulcão, como naquela citação de Khalil Gibran. É uma bobagem, mas me emocionou — eu, com minhas placas tectônicas em movimento, me identifiquei — e eu anotei a frase num post-it que colei na minha mesa: "Se seu coração é um vulcão, por que você esperaria que flores lhe brotassem das mãos?". O post-it continuou no mesmo lugar até um dia ruim, em que, trabalhando neste livro, de repente passei a odiar essa citação com cada brasa do meu ser, amassei o papel e o joguei no lixo.

Você que me lê, lembra daquele filme ridículo chamado *Volcano*, aquele com o Tommy Lee Jones? Lembra de como eles contiveram a erupção em pleno centro de Los Angeles? Como eles mudaram seu curso com barricadas de cimento e apontaram mangueiras de incêndio para a lava, e a redirecionaram para o mar, e deu tudo certo? Querida leitora ou querido leitor, com a lava não funciona assim. Disso todo mundo sabe. Eis a verdade: eu continuo esperando que minha raiva fique adormecida, mas isso não vai acontecer. Continuo esperando que alguém redirecione minha raiva para o mar, mas ninguém pode fazer isso. Meu coração é mais parecido com o Cume do *Inferno* de Dante. Minha raiva dissolve vovozinhas em lagos ácidos, aniquila cidades excêntricas do noroeste do Pacífico com cinzas e asfixia motores a jato com sua poeira. A lava não para de escorrer pelos meus declives. Vocês deviam ter escutado a cientista. Vocês deviam ter fugido antes.

Voltando a Khalil Gibran. Eu sei o que ele está dizendo, mas até no plano retórico ele está completamente equivocado. O fato é que as pessoas decidem viver nas cercanias de um vulcão porque o solo que resulta dele é extraordinário, rico em nutrientes que provêm das cinzas. Nesse lugar perigoso suas frutas eram mais doces, suas plantações mais altas, suas flores mais radiantes, suas colheitas mais abundantes. A verdade é que não há lugar melhor para se viver do que à sombra de uma montanha bela e furiosa.

## *Casa dos Sonhos como* a poça de lágrimas

Vocês se falam pelo telefone, mas logo ela para de atender às chamadas, para de responder às suas mensagens. "Se você não quer que eu me preocupe", você diz quando ela enfim responde, "se você quer que eu me sinta segura, você precisa se esforçar um pouco mais." Seu corpo parece enorme, inchado, como se estivesse comprimido contra os cantos do cômodo e seus membros crescessem, saindo pelas janelas.

"Eu não ligo", ela diz, com uma voz tão suave que você sabe que é verdade.

"Você ainda está saindo com ela?", você pergunta.

Você chora sem parar.* Você chora no celular, inundando-o de água salgada. Ele para de funcionar.** Então ela termina com você por Skype, não pelo telefone. Ela está abatida, com uma expressão arrependida.

---

\* Thompson, *Motif-Index of Folk-Literature*, Tipo C482, Tabu: chorar.
\*\* Thompson, *Motif-Index of Folk-Literature*, Tipo C967, Objetos valiosos perdem seu valor porque o tabu foi quebrado.

"Eu ainda quero ser sua amiga", ela diz.

Quando termina, você fica olhando para o seu celular escuro e morto; um retângulo de vidro preto. Ele cresce na sua mão, fica cada vez maior, e você descobre que, em vez dele, é você que está encolhendo. Quando enfim toma consciência do que aconteceu, você tem noventa centímetros. Trinta centímetros. Quinze centímetros. Então a água salgada bate no seu queixo. Você se pergunta se acabou de alguma forma caindo no mar. "E nesse caso", você pensa, "ninguém vai vir me buscar." Mas logo você se dá conta de que está na poça de lágrimas que chorou quando tinha 2,74 metros de altura.\*

"Queria não ter chorado tanto!", você diz, nadando pela poça, tentando encontrar a saída. "Agora devo ser punida por ter chorado, imagino, afogando-me em minhas lágrimas! Será uma coisa muito estranha, sem dúvida! Se bem que está tudo estranho hoje."\*\*

---

\* Thompson, *Motif-Index of Folk-Literature*, Tipo A1012.1, Enchente de lágrimas.
\*\* Nesse trecho, retirado de *Alice no País das Maravilhas*, de Lewis Carroll, Alice exclama: "*That will be a queer thing, to be sure! However, everything is queer today*". Na tradução para o português, perde-se o duplo sentido da palavra *queer*, que aqui pode ser traduzida como "estranho". (N. T.)

# *Casa dos Sonhos como* Mrs. Dalloway

Na noite do dia em que ela termina o namoro, você tinha se comprometido a organizar uma festa para uma das suas professoras, que faria uma leitura pública.

Para pendurar luzinhas de Natal ao redor da sala de jantar, você arrasta uma estante de livros que comprou usada até a parede e sobe nela. Você está tentando alcançar a parte mais alta da parede quando ouve a tábua de compensado ceder. Você não cai da estante, você cai *através da* estante, e é nesse lugar que John e Laura te encontram: em pé sobre as ruínas da estante, com sangue escorrendo pelas pernas, chorando efusivamente.* (No oceano aos seus pés, um dodô passa e acena.) Você sente vergonha por ter pensado que uma merda de uma prateleira precária ia aguentar seu peso; você sente vergonha do sangue, da vermelhidão do sangue, de como ele vai saindo de você sem nenhuma consideração

---

* Thompson, *Motif-Index of Folk-Literature,* Tipo C949.4, Sangrar depois de quebrar tabu.

pelos sentimentos de ninguém. Você sente vergonha por estar organizando uma festa nesse estado, vergonha por estar viva.

"O que aconteceu?", John pergunta e, já que você não responde, ele repete a pergunta, depois te leva para o sofá e pede a Laura que pegue uns band-aids. Laura levanta a barra da sua calça legging e limpa os cortes com água oxigenada. John se senta ao seu lado, descansando a mão larga entre suas omoplatas, ancorando seu esqueleto estremecido.

John telefona para um amigo, que telefona para outro, e logo todas as pessoas com quem você não falou sobre sua vida por um ano e meio aparecem à sua porta. Elas te encontram estirada no sofá e começam a trabalhar como os ratos da Cinderela — varrendo, limpando, fazendo listas de compras.

Uma pessoa te pergunta se você comeu alguma coisa, e outra pessoa responde por você ("Não"), então outra pessoa pede uma pizza. Você fica sentada com um copo d'água na mão, e eles todos passam por você, e são mais gentis do que você acha que merece.

A campainha toca. Enquanto alguém recebe a pizza há um borrão de cores e luzes, e de repente uma coisa pequena e quentinha surge no seu colo. É uma cachorrinha filhote de galgo, uma coisinha agitadiça com patas imensas e um rabinho que não para de se mexer. Você percebe que ela é do seu vizinho, que por coincidência também é seu terapeuta (Iowa City!). Você pega a cachorrinha, que se remexe com uma alegria inarticulável, cobrindo seu rosto de beijos melecados com uma linguinha achatada. Você começa a chorar levando a cachorrinha para fora, onde consegue ouvir seu terapeuta e a mulher dele chamando o nome dela. Você vai até a cerca e seu terapeuta pede desculpas — eles estavam levando malas para o carro e ela tinha fugido. Seu terapeuta não diz nada sobre seu nariz vermelho brilhante e sua cara de quem chorou. "Até semana que vem", você sussurra, passando a criatura sacolejante por cima da cerca. De novo em casa, a cachorrinha te dá um último beijinho e se lança para o outro lado como uma amante clandestina.

Você se apressa e consegue se vestir e acender as velas a tempo. A festa zune ao seu redor, uma máquina que não precisa de você para continuar funcionando. Um tremendo sucesso.

# *Casa dos Sonhos como* generosidade inesperada

Você tem um tio republicano, Nick. Republicano *mesmo*. Livros de Ann Coulter na mesinha de centro, Fox News vomitando paranoia em tecnicolor na sala de estar e uma coleção imensa de armas que ele insiste em te mostrar porque sabe que você fica incomodada. (Você nunca conseguiu explicar para ele o puro terror que sentiu da única vez que disparou uma arma: um cara mais velho com quem você estava saindo te levou a um clube de tiro e vocês dois usaram uma Glock para atirar em peças de computador antigas. Você quis tentar porque ele tinha dito que "a maioria das mulheres é muito pequena e franzina pra aguentar um tranco desses, mas você é forte e firme, então toma". Você pegou a arma — porque a análise dele tinha te deixado lisonjeada, porque você queria transar com ele, porque é feminista —, mas se arrependeu no mesmo segundo. Você ficou aterrorizada; sentia que a arma ia explodir na sua mão e matar vocês dois, e depois você jurou que nunca mais ia encostar em arma nenhuma. Por um bom tempo, aquela placa de metal ficou largada no peitoril da sua janela, com a luz do sol vazando pelo buraco da bala. Mas, quando se mudou, você a jogou fora.)

Nick mora no Wisconsin, e você, como está no Centro-Oeste, só o vê de vez em quando. Apesar dos pesares, você gosta dele. Na política, ele pode representar tudo que você mais odeia, mas é uma pessoa fofa e sempre te chama de "minha democrata preferida", mesmo que você não se veja dessa forma desde a faculdade.

Um dia depois de a mulher da Casa dos Sonhos terminar com você pela primeira vez, Nick telefona. Ele parece alegre, explica que vai estar na cidade a trabalho e pergunta se poderia dar uma passada rápida na sua casa. Você aceita na hora, depois desliga o telefone, mas no mesmo instante começa a xingar a si mesma. Você não só não saiu do armário para um cara que acha Bill O'Reilly o máximo, como também está um desastre. Faz dias que não toma banho. Você sai correndo pela casa para tentar dar um jeito na situação, e uma hora depois vê um carro imenso, barulhento e inimigo do meio ambiente descendo a rua. Ele sai do carro, acena para você e começa a se aproximar pela calçada. Ele está a poucos metros quando você começa a chorar de forma descontrolada. O rosto dele se expande de preocupação. "O que aconteceu?", ele pergunta.

"Tio Nick", você diz, "eu sou lésbica, e minha namorada acabou de terminar comigo." Aí a vaca vai pro brejo de vez, e você começa a soluçar bem alto.

"Ahhhhh", ele diz. "Ahhhhh." Você se vê aninhada nos braços dele, ele te abraça muito forte. "Você está de coração partido. Eu entendo. Nessa hora, o coração de todo mundo é igual."

Nem todo coração é igual nessa hora, mas você entende o que ele quer dizer. Vocês dois entram na casa e sentam-se no sofá. Ele passa a próxima hora inteira contando as histórias dos seus vários términos de relacionamento — ele foi casado três vezes — e te dando conselhos. "Entre pra algum clube", ele diz. "Comece algum hobby novo. Que tal andar de barco? Você gosta de andar de barco?"

Você dá risada, e pela primeira vez no que parece um ano inteiro, você sorri.

# *Casa dos Sonhos como* apartamento em Chicago

Você e seus amigos resolvem sair um pouco da cidade e combinam de viajar para Chicago. Você deixa um celular quebrado para trás, mas isso não a impede de conferir os bolsos sem querer, imaginando que ela pode ter ligado.

Mesmo estando de luto, você aproveita a viagem: dorme no sofá do apartamento que alugaram juntos e só acorda porque Tony, com toda a delicadeza, encosta no seu pé, que está estendido para fora do lençol. Quando olha ao redor do quarto e vê todos os seus amigos dormindo tão perto uns dos outros, parecendo uns gatinhos, você tem vontade de dormir enroladinha com eles.

Ainda assim você chora na mesa do almoço, você chora pela rua. Quando se separam para fazer programas em grupos menores, você sai com Ben e Bennett. Você adora os dois, e adora mesmo que eles não se comovam muito com você e não perguntem como você está. Vocês vão ao Instituto de Arte de Chicago e passam um tempão em dois lugares: nos Thorne Miniature Rooms e diante da pintura *That Which I Should Have Done I Did Not Do (The Door)* [O que eu devia ter feito eu não fiz (A porta)], de Ivan

Albright. Ambos despertam em você um estranho prazer; ambos a levam às lágrimas. Em um você se sente imortal, quase uma deusa: como se fosse um espírito que viaja no tempo, de cócoras nos cantos de salas de desenho inglesas no século XIX, quartos franceses no século XVI e salas de jantar americanas no século XVIII, assistindo à vida dos mortais se desenrolar em dioramas em miniatura. O outro faz que se sinta pequena, como se estivesse prostrada diante do véu tremeluzente da morte. Pequena, e depois menor ainda, e logo você se vê nadando nas suas próprias lágrimas, mais uma vez. Você ouve alguma coisa respingando na poça a certa distância, e nada mais para perto a fim de ver o que é. A princípio, você pensa que deve ser uma morsa ou um hipopótamo, mas então se lembra de que agora está muito pequena, e logo descobre que é só um rato que tinha escorregado na poça, assim como você.

"Será que agora adiantaria", você pensa, "falar com esse rato? Talvez ele seja um rato cubano, que chegou durante a Guerra dos Dez Anos." (Pois, mesmo com todo o seu conhecimento de história, você não sabe ao certo há quanto tempo qualquer coisa ocorreu.) Então você se arrisca: "*¿Dónde está el gato malo?*", que é a primeira frase completa de que você consegue se lembrar em espanhol. O Rato de repente salta para fora da água, estremecendo de medo. "Ah, me perdoe!", você exclama, com medo de ter magoado o pobre bichinho. "É que esqueci que você não gosta de gatos, sejam eles bons ou maus."

"Não gosta de gatos!", grita o Rato. "Você ia gostar de gatos se fosse eu?"

"Bom, talvez não", você diz, tentando acalmá-lo. "Não fique bravo por causa disso. E mesmo assim eu gostaria que você conhecesse minha gata; acho que mudaria de ideia se a visse. Ela é uma coisinha tão querida", você prossegue, em parte falando consigo mesma, enquanto nada preguiçosamente pela poça, "e fica sentada, ronronando tão fofa de frente pra lareira, lambendo as patinhas e lavando o rosto... e é uma verdadeira campeã na hora de caçar rat... puxa, me perdoe!", você exclama de novo, pois o Rato começou a nadar para longe o mais rápido que pode, bastante consternado. Você o chama com doçura: "Rato, querido! Volte, sim? E não falemos mais de gatos!".

Ao ouvir isso, o Rato dá meia-volta e vem nadando lentamente em sua direção: seu rosto está muito pálido (de emoção, você pensa) e ele diz com uma voz baixa e trêmula: "Vamos nadar até a margem e eu vou te contar minha história, então você entenderá por que tenho medo de gatos".

Já está mais do que na hora de irem embora, de qualquer maneira, pois a poça está ficando cheia de pássaros e animais que caíram nela: há um Pato e um Dodô (o "pássaro crédulo e extinto" de Amy Parker), um Papagaio e uma Aguiazinha. E, no meio deles, todas as pessoas desconhecidas que já te viram chorar em público estão nadando de peito. Você dá as costas à piedade delas e vai na frente; o grupo inteiro nada até a margem. Na beira d'água, as criaturas e os desconhecidos se dispersam pelas ruas de Chicago.

Quando você chega em casa, há um e-mail na sua caixa de entrada. "Eu errei."

## *Casa dos Sonhos como* Sodoma

Como a mulher de Ló, você olhou para trás, e, como a mulher de Ló, foi transformada numa coluna de sal,* mas, ao contrário da mulher de Ló, Deus lhe deu uma segunda chance e fez de você humana de novo, mas aí você olhou para trás mais uma vez e virou sal e aí Deus teve pena e te deu uma terceira chance, e vez após vez você voltou tropeçando para os seus muitos equívocos e complacências; num instante imóvel e no outro andando desengonçada, seus membros moles dando meia-volta e seu corpo cambaleando pela terra, e em seguida rígido feito um tronco de árvore, mais uma vez com uma aura de poeira, depois rodopiando pela estrada com o fogo chovendo às suas costas; e jamais houve uma mulher tão caricaturesca quanto você — de animal a mineral e tudo de novo.

* Thompson, *Motif-Index of Folk-Literature*, Tipo C961.1, Transformação em coluna de sal por ter quebrado tabu.

# *Casa dos Sonhos como* quarto de hotel em Iowa City

Ela te manda um e-mail para contar que está hospedada num quarto de hotel em Iowa City, e será que você quer ir vê-la? Você diz não, não, mas vai mesmo assim.

Ela diz que está na cidade para te ver, que quer ficar com você, e você leva uma caixa cheia de coisas dela para entregar, mas em vez disso acaba ficando. Você grita com ela, você chora. A certa altura, alguém bate à porta. Vocês a abrem, e do outro lado está um cara de Iowa City meio bobão que fala muito devagar. Ele tem um sorriso estranho, lúgubre. Ele diz que vocês duas deviam ir curtir com os amigos dele, estão a fim de ir lá no quarto deles? Eles têm bebida, e outras coisas também. Vocês não descobrem o que são as outras coisas, só fecham a porta. Vocês ficam paradas por um segundo, depois fecham a porta com tranca.

Ela chega por trás, para te abraçar. Você se afasta com tanta força que acaba batendo na porta. Você se vira e escorrega até o chão, e ela diz "shhhh, shhhh", e você implora para ela não encostar em você, mas ela o faz. Ela se aproxima da sua cabeça. "Você trocou de xampu?", ela pergunta, e você faz que sim, porque mudou. Você transa com ela porque não sabe o que fazer; você só sabe falar a língua em que você se submete. "Vai dar certo", ela diz, te apalpando. "A Amber não significa nada pra mim. Quando penso nela, sinto nojo. Vai dar certo, eu prometo. Eu te amo tanto..."

    Na manhã seguinte, vocês vão a um restaurante ao lado do hotel. Um bebê lindíssimo balbucia da cabine de vinil vizinha, e isso te faz chorar tanto que a garçonete escreve *Tenha um lindo dia! Maria* com uma caneta azul na embalagem de isopor com as sobras de comida. Você fica impressionada porque ela escreveu seu segundo nome, e pensa em silêncio que ela quer te mandar uma mensagem, mas em seguida percebe que é o primeiro nome dela. Você leva a caixa com as coisas dela de volta para seu carro e dirige para sua casa.

    Uma semana depois, você por acaso encontra uma mulher que pergunta se sua namorada já encontrou um apartamento, já que ela está na cidade e anda procurando. Você fica confusa, mas depois, na mesma noite, quando uma amiga te conta uma fofoca que ela andou ouvindo na pós-graduação — sua namorada está namorando Amber, lá em Indiana —, você percebe tantas coisas de uma vez: ela não está planejando vir morar com você. Você tomou péssimas decisões.

    Você telefona para ela e conta o que sabe. Mesmo nesse momento, diante do inegável, ela desconversa com tanta facilidade que você não a vê sequer pestanejar. A situação é, ela explica, *só um pouco complicada*. Há muitas coisas incríveis acontecendo na sua vida, só isso; está sendo difícil dar conta de tudo. "Não tenho como ser uma namorada dedicada amando outra pessoa", ela diz, por fim, e então tudo termina de vez.

# *Casa dos Sonhos como* saída pela tangente

No conto "Violence Against Women Begins at Home" [A violência contra a mulher começa em casa], de Dorothy Allison, um grupo de amigas lésbicas se encontra para beber, e todas discutem uma fofoca da comunidade: há pouco tempo, duas mulheres invadiram a casa de uma terceira mulher e destruíram tudo, quebraram vidros e louças e estragaram sua arte, que as duas consideravam pornográfica. Elas picharam a frase que dá título ao conto na parede da casa da mulher. As amigas conversam sobre o envolvimento da polícia e a mediação do conflito dentro do grupo, mas, perto do fim da história, quando estão prestes a se despedir, o problema se cristaliza num diálogo sintomático:

"Então, o que vocês acham de fazermos uma festa pra arrecadar dinheiro pra Jackie, pra ajudar a arrumar a casa dela?"
Paula faz uma cara impaciente e começa a juntar as coisas para ir embora. "Ah, acho que a gente não devia fazer isso. Não quando ainda estão em negociação. E há tantas outras coisas importantes

para as quais temos que arrecadar dinheiro nessa temporada… Coisas da comunidade."

"Jackie é parte da comunidade", eu me ouço dizendo.

"Claro, claro que sim." Paula se levanta. "Todas nós somos." A cara com que ela me olha faz com que eu me pergunte se ela acredita mesmo nisso, mas ela foi embora antes que eu possa dizer qualquer outra coisa.

Pessoas queer também decepcionam umas às outras. Parece uma ideia óbvia; não é surpresa nenhuma para indivíduos queer não brancos ou trans, por exemplo, que a lealdade dentro da comunidade tem limites muito demarcados, ainda mais quando se questiona a hegemonia do Estado. Mas, mesmo em dinâmicas de poder supostamente similares, o desejo de preservar a imagem individual e de apresentar uma narrativa de moralidade uniforme pode se antepor a qualquer outro objetivo.

Há muito tempo a comunidade queer lança mão da retórica dos papéis de gênero para absolver mulheres queer da responsabilidade por atos de violência doméstica. Isso não significa que ativistas e acadêmicas não tenham tentado. Quando o diálogo sobre a violência doméstica queer se estruturou no início dos anos 1980, ativistas passaram a distribuir folhetos que se propunham a desfazer mitos a respeito do abuso queer em conferências e festivais.* Estudantes distribuíram questionários para tentar mensurar o problema.** Debates acalorados dominaram as páginas das publicações queer.

---

\* Entre os mitos abordados pela Cooperativa de Ensino de Autodefesa Feminina de Santa Cruz estão: "Mito: se é só emocional/psicológico, não conta." "Mito: eu aguento — ao contrário das três ex-namoradas dela." "Mito: continuar juntas e chegar a uma solução é a coisa mais importante." "Mito: estamos fazendo terapia, então tudo vai se resolver.".

\*\* Conteúdo real do questionário criado pela pesquisadora Alice J. McKinzie:

Mas houve mulheres lésbicas que tentaram restringir a definição de abuso aos atos dos homens. Lésbicas *butch* até *poderiam* ser abusivas com suas parceiras *femme*, mas só porque haviam adotado um comportamento masculino. Lésbicas abusivas se utilizavam do "privilégio masculino". (Para emprestar a frase da crítica lésbica Andrea Long Chu, elas "[entravam contrabandeando o patriarcado] na utopia lésbica".) Algumas argumentavam que as práticas consensuais de BDSM eram parte do problema. Mulheres que eram *mulheres* não abusavam de suas namoradas; lésbicas de verdade nunca fariam uma coisa dessas.* Também havia a narrativa de que tudo isso era apenas uma questão muito complicada. Ah, o fardo da pressão da sociedade heterossexual! Lésbicas abusam umas das outras!

Muita gente defendia que a questão fosse trabalhada inter-

---

"Sua abusadora está presente neste festival? Se sua abusadora está neste festival, está presente enquanto você preenche este questionário? Se sua abusadora não está presente enquanto você o preenche, ela sabe que você está preenchendo este questionário? Se você respondeu 'Não' à pergunta anterior... você pretende contar a ela depois?".

* Essa falácia da expulsão do grupo moldava essas narrativas de todas as formas imagináveis, criando uma espécie de trave ambulante que permitia a deturpação contínua da responsabilização das pessoas envolvidas. Num relato de seu abuso feito em primeira mão ao *Gay Community News* em 1988, uma sobrevivente escreveu: "Eu convivia com mulheres lésbicas desde que era adolescente e, embora algumas delas tivessem relacionamentos problemáticos, nunca soube de casos de agressão física. Eu me apeguei ao confortável mito de que *lésbicas não batem nas suas parceiras*. Muito depois, quando 'me assumi' o bastante para ir a bares gay numa cidade suficientemente progressista para tolerá-los, vi que na verdade algumas lésbicas batiam, sim, nas suas parceiras. No entanto, pensei que todas tinham um perfil específico — lésbicas *butch* alcoólatras e machistas, ou lésbicas apolíticas —, então decidi que *lésbicas feministas não batem nas suas parceiras*". A ativista Ann Russo foi mais sucinta no seu livro *Taking Back Our Lives* [Reavendo nossas vidas]: "Eu tinha dificuldade de dizer que o abuso nas relações lésbicas era uma *questão política com raízes estruturais*".

namente em cada comunidade. Muito se escreveu na tentativa de descentralizar as vítimas, e muitas vezes as abusadoras tinham como certa a impunidade. Num dos primeiros julgamentos por violência doméstica entre lésbicas, uma advogada notou um detalhe inquietante: na maior parte do tempo que o júri passava numa sala a portas fechadas, o objetivo era que, ao contrário do que ela temia até então, os jurados heterossexuais tentassem convencer a única jurada lésbica de que a ré era culpada. Quando foi interrogada mais tarde, a jurada lésbica contou à advogada que "não queria condenar uma irmã (queer)", como se a namorada vítima de abuso também não fosse uma mulher queer.

E assim todos continuaram dando voltas para fugir de verdades essenciais que ninguém queria encarar de frente, como se fossem o próprio sol: mulheres podiam abusar de outras mulheres. Mulheres *haviam abusado* de outras mulheres. E as pessoas queer precisavam levar essa questão a sério, ou ninguém mais a levaria.

# *Casa dos Sonhos como* a rainha e a lula

Eis uma história que uma lula me contou:

Havia uma rainha, e ela estava solitária novamente. Então ela convocou todos os seus conselheiros, que então convocaram todas as figuras de importância da região, para que ela encontrasse alguém que pudesse ser sua companheira.

Os conselheiros debateram por muito tempo e, depois de três dias trancados num cômodo, levaram, com muita pompa e circunstância, uma lula à rainha. Ela ficou completamente encantada. A lula era tudo que ela sempre desejara: perolada e úmida, vigorosa e inteligente. A lula, por sua vez, ficou encantada com sua nova situação. Ela sempre admirara a rainha à distância, e mal podia acreditar que a escolhera para viver consigo.

No começo, a amizade das duas era magnífica. Elas viajavam até as fronteiras do reino, e a lula trazia à rainha belas bugigangas que encontrava nas minúsculas cavernas marinhas da costa. A rainha levava a lula em visitas a dignitários distantes, e à noite elas saíam pelos corredores na penumbra para tentar pescar lanchinhos noturnos. Era uma relação definida por sua ternura, e as duas viviam numa felicidade extraordinária.

Mas, depois de um tempo, a rainha se enfastiou de sua companheira. Foram tempos difíceis. Às vezes, a rainha deixava a lula trancada para fora de seu escritório, e a lula ficava sentada sobre as pedras secas e frias, rezando para ser devolvida à sua bacia antes de sua pele virar papel. E, mesmo quando a rainha e a lula faziam companhia uma à outra, a rainha ficava alheada e muitas vezes era cruel. Ela virava a lula de ponta-cabeça e jogava pedacinhos de lixo em seu bico rangente. E a rainha limpava todas as superfícies que a lula tocasse, xingando-a pela bagunça que fazia. (A lula, como todos sabem, tem três corações, e todos os três se partiram repetidas vezes durante seu período com a rainha.)

Uma noite, quando a rainha estava dormindo, a lula decidiu sair brincando pelo palácio. Ela deu um jeito de entrar num balde de limpeza e usou suas rodinhas para atravessar os corredores, achando o silêncio muito agradável. Depois que andou certa distância, ela se viu no fim de um corredor, diante de uma porta muito estranha e pesada. A lula estava prestes a dar meia-volta quando ouviu alguma coisa.

Ela abriu a porta e entrou deslizando no cômodo sombrio.

O cheiro era terrível. Não o fedor orgânico da morte, mas as profundezas escuras da tristeza — viscosa e amarga. E os sons... a lula nunca havia escutado nada parecido. O gemido grave da água escorrendo de uma banheira; lamentos agudos que atravessavam o espaço como pássaros claros.

Os grandes olhos da lula começaram a se adaptar à luminosidade. Quando percebeu o que estava vendo, ela empurrou seu balde o mais rápido possível de volta ao corredor e regressou ao quarto da rainha.

\* \* \*

Algum tempo depois, a lula olhou pela janela e viu que a rainha estava cabriolando com uma ursa. A ursa era linda: imensa, peluda e radiante. A lula, inconsolável, sabia que jamais poderia competir com ela. Quando a rainha e a ursa saíram para um piquenique, a lula pediu que uma arrumadeira a levasse até a cidade.

Quando a rainha descobriu que a lula havia partido, ficou enfurecida. Mas, assim que sua fúria arrefeceu, ela soube o que precisava fazer. Então a rainha se sentou e escreveu uma carta para a lula.

"Minha tão querida criatura", ela escreveu. "Antes de começar, devo pedir que receba esta missiva com a cabeça e o coração abertos.

"Eu a amo, e *sempre a amarei*. O fato de você se recusar a vir aos meus aposentos, mesmo que apenas como companheira, e não como amante, abate meu coração. Você parece acreditar que, porque nosso amor acabou, nunca poderemos estar próximas uma da outra, e eu imploro que repense a decisão. Eu amei muitas criaturas na minha vida — uma cabra, uma abelha, uma coruja — e, embora nosso amor tenha chegado ao fim, ainda as vejo com frequência. Ainda somos amigas. Só porque encontrei a felicidade ao lado de uma ursa, *não significa* que nosso tempo juntas não tenha significado nada.

"Sinto muito que as coisas não tenham funcionado entre nós. Acredito, e espero que você concorde, que me comportei de maneira *honrada* e *irrepreensível*. Estou consumida pela tristeza e pela mágoa porque você não acredita em separações amigáveis. Eu esperava mais de você, uma criatura tão inteligente.

"A verdade é que você me acompanhou durante um período

muito difícil da minha vida, e sinto muito por não ter me comportado da melhor maneira possível. Mas assim é o amor! O que temos transcenderá essa balbúrdia, e faremos parte da vida uma da outra para sempre. Isso não a agrada? Nada de ciúmes, nada de traições; só uma amizade ancorada em confiança mútua. Espero que um dia possamos nos encontrar num espaço neutro; em que nossa dor seja iluminada pela compreensão, em que tudo isso pertença ao nosso passado. Espero sinceramente sua resposta."

Como a lula não respondeu, a rainha escreveu outra carta:
"Minha querida lula! Os erros que cometi chegam às centenas, penso eu. Passei muitos dias meditando, jejuando, abstendo-me do álcool, e só agora percebo como é profunda a decepção que lhe causei. A verdade é que você é meu passado e meu futuro. Sinto sua falta. Quisera eu sugar seus tentáculos e beijar seu manto frio, quisera eu viajar na sua companhia como sempre fazíamos. Sinto muito pela ursa. A ursa é linda e muito especial à sua maneira, mas nem se compara a você. Ela continua aqui no castelo, mas quando passo por ela sou invadida por um intenso desejo de sair correndo na direção oposta. É só você que desejo, meu repolhinho. Não que eu queira comê-la, há! Só quero que você fique enroladinha na minha barriga por toda a eternidade. Por favor, volte pra mim. Volte pra mim, e vou me entregar a você como sei que deveria ter feito há muitos meses. Fui uma tola, mas, por favor, me ajude a deixar de ser uma tola. Case-se comigo. E, quando morrermos, nossos corpos serão espalhados pelos céus como constelações gêmeas, a rainha e a lula, e ninguém conhecerá a felicidade como nós. Eu a amo, eu a amo, minha querida, meu amor, eu a amo. Sinceramente, atenciosamente, Sua Rainha."

Depois de receber essa última carta, a lula começou a redigir uma resposta. Passou muitas horas escrevendo e descartando rascunhos de cartas; alguns levaram mais tempo que outros. Ela se lamentou por gastar sua tinta por um motivo tão exaustivo e inútil. Depois de um tempo, ela chegou a palavras que a satisfizeram. Ela enviou a carta por meio de um mensageiro, e depois foi procurar uma fazendeira da região. Lá, ela trocou moedas por um cavalo e uma bolsa de hidratação que podia ficar pendurada na sela. A lula puxou o ar de dentro da pele e deu adeus à cidade que tanto a fizera sofrer.

Quando a carta chegou, a rainha a abriu com as mãos trêmulas.

"Minha rainha", a carta dizia, "suas palavras são belíssimas. No entanto, elas não podem ocultar um simples fato: eu vi seu jardim zoológico."

Eis uma história que uma ursa me contou:
Havia uma rainha, e ela estava solitária novamente.

## *Casa dos Sonhos como* obrigada, Obama

Um pouco antes do término do seu namoro com ela, Barack Obama visita Iowa City. Ele vem falar sobre a dívida estudantil, e você é estudante e tem dívidas de todo tipo, então comparece ao evento. Seu coração parece uma casca de ferida arrancada e infeccionada. Você chega atrasada e a remanejam para uma sala lotada, onde as pessoas assistirão à palestra num telão. Você fica brava consigo mesma por ter se atrasado, e triste por ter sido empurrada para outra sala. Como tantas coisas que aconteceram recentemente, isso parece um sinal.

Até que, um pouco antes de a palestra começar, Obama entra na sala em que você está tomando chá de cadeira. As arquibancadas estão cheias, mas há espaço no último degrau, um lugar onde você sem dúvida não deveria estar, porque atrás de você não há nada além de ar. Seus amigos mais fortes se levantam e te ajudam. Você olha a multidão e vê o presidente — o seu presidente — andando diante das pessoas. Você nunca o vira de perto. Ele acena, sorri e começa a falar, e à sua frente o ar cintila com as telas de smartphones.

Você fecha os olhos. Você sente o metal da arquibancada envergar pouco a pouco sob seus pés, como um diapasão, e pensa *estou a quase dois metros do chão*. Seria tão fácil morrer; um breve momento de desmaio; um abandono temporário do rigor do seu corpo. Na sua frente, um homem está com uma camiseta. "Obama '08: Ele está preparado!" *Sim*, você pensa. *Ela está mesmo. Eu sei.*

O dia em que vocês terminam pela última vez, a definitiva, é o dia em que Obama anuncia publicamente seu apoio ao casamento gay. É uma quarta-feira de maio de 2012. O aniversário de 23 anos do seu irmão mais novo. Alguns dias antes, Joe Biden havia feito uma declaração de apoio inesperada e confusa.

"Num dado momento, eu apenas cheguei à conclusão de que, para mim, como indivíduo, é importante dar esse passo e afirmar que acredito que casais do mesmo sexo devem ter o direito de se casar", Obama diz daquele jeito meigo, concentrado e com tom de político que te irrita profundamente e ao mesmo tempo te faz querer dar um abraço nele.

Da primeira vez que você votou nele, em 2008, acordou com as notícias simultâneas de que ele tinha vencido as eleições e que o estado da Califórnia havia rejeitado a possibilidade de que você se casasse com uma mulher. Foi uma manhã agridoce: em meio à névoa de uma ressaca, você assistiu ao discurso de vitória do Obama com sua colega de casa. "Sinto muito pela Proposição 8", ela disse baixinho. Você deu de ombros. Você comemorou a vitória dele independente do que ele dizia sobre o casamento gay, porque ele era a melhor opção daquele momento; imperfeito de uma forma que te afetava, mas que funcionava para o mundo em geral. Você não esperava ver essa batalha vencida enquanto estivesse viva, e por isso se conformou em viver naquele espaço claudicante em que sua humanidade e seus direitos eram abertamente debatidos nos noticiários da TV a cabo, e não se exigia que um candidato à presidência os protegesse. Você já era mulher, então você sabia. Ocupar esse espaço era nada menos que sua especialidade.

Anos depois, tão triste, tão arrasada, você ri da declaração dele porque não sabe o que mais fazer. "Que momento perfeito", você diz para a tela do seu notebook. "Valeu, cara."

Você dá um jeito: toma um ansiolítico e passa alguns dias dormindo.

# *Casa dos Sonhos como* vazio

É difícil descrever o espaço que se escancara na sua vida depois que ela vai embora. Você tem que se obrigar a deixar o celular em casa; tem que se treinar para ignorá-lo. Precisa se lembrar várias vezes de que você não é responsabilidade de ninguém. Você tenta imaginar o sexo com outras pessoas e tem dificuldade para visualizar a cena; masturbar-se é praticamente impossível.* Fica se perguntando se algum dia vai conseguir deixar que alguém encoste em você; se algum dia vai conseguir reconectar seu cérebro ao seu corpo, ou se os dois vão ocupar lados opostos dessa nova e horrível ravina para sempre.

---

* Thompson, *Motif-Index of Folk-Literature*, Tipo C947, Perda de poder mágico por quebrar um tabu.

# *Casa dos Sonhos como* memória

No mês seguinte ao término, você começa a fazer crossfit numa academia não oficial com sua amiga Christa, que é incrível, generosa e te estimula demais. "Você nasceu pra ser atleta!", ela repete sem parar, admirada, e é engraçadíssimo, porque você é muito gorda e está longe de ser uma atleta nata, mas os acontecimentos do ano lhe trouxeram uma capacidade de concentração bizarra, e é verdade que você vem melhorando: agora já consegue correr de leve por 1,5 quilômetro sem precisar parar, e também consegue levantar duzentos quilos.

Um dia, arrastando seu corpo todo dolorido até o vestiário, você percebe que tem dezesseis chamadas perdidas. São todas dela, da mulher da Casa dos Sonhos, e como se não bastasse também há mensagens de voz. De repente o celular toca de novo, vibrando feito um inseto alucinado, e você quase o derruba no chão. Você corre para o estacionamento. O celular toca, toca sem parar durante todo o caminho. Você entra correndo na casa, onde encontra John lendo, e lhe mostra o celular, que agora acumulou mais de vinte chamadas perdidas.

John entra em ação, conecta o computador ao sistema de som todo complexo que ele montou na casa de vocês e começa a tocar um noise metal caótico. Ele sai correndo pela casa que nem o Mickey em "O aprendiz de feiticeiro", enriquecendo a barulheira com sua energia. "Resiste, Carmen, resiste!", ele grita, batendo no balcão e batucando nas panelas com as colheres de pau e botando a música no último volume.

(Em *Angel Street*, quando o sargento de polícia finalmente entra em contato com a esposa atormentada e vítima de *gaslighting*, ele diz com firmeza: "Você está enfrentando o momento mais horrível da sua vida, e todo o seu futuro depende do que você vai fazer na próxima hora. Nada menos que isso. Você tem que lutar pela sua liberdade, e tem que lutar agora, porque a chance pode nunca mais voltar".)

De repente, você se sente contagiada pela discordância e grita "vai se foder!" para o celular (que não fez nada além de sua exata função!), e logo depois tenta entender como fazer para bloquear o número dela. Você acaba procurando no Google e, assim que consegue, o celular fica em silêncio. Mas as mensagens de voz continuam lá, e você pede para John diminuir a música.

Cada mensagem é um pouco diferente das outras. Algumas exalam tristeza: *Eu te amo, sinto sua falta*. Outras são ameaçadoras. *Sua vaca do caralho, atenda esse telefone agora*. (Como se ela tivesse esquecido que você tem um celular e não uma linha fixa, e não está parada na cozinha ouvindo a voz dela numa secretária eletrônica no momento que ela grava a mensagem.) Você fica tão horrorizada com essa sequência aparentemente descompensada, saída de um filme de mau gosto sobre uma mulher com transtorno de personalidades múltiplas, que você tenta imaginá-la deixando as mensagens — onde ela devia estar na Casa dos Sonhos. Você a imagina te ameaçando no quarto, chorando por você na sala, fazendo juras de amor eterno no escritório. Você acha que isso vai te fazer se sentir melhor, mas você se sente pior.

Você salva as mensagens de voz, caso precise de uma medida protetiva. Quando você compra um novo celular alguns meses depois, elas se perdem.

# *Casa dos Sonhos como* desfecho

Você combinou de conversar com Val entre um churrasco de fim de semestre e uma festa na casa de um amigo. Você sai do primeiro compromisso mais tarde do que pretendia, então quando ela telefona, você para o carro numa rua meio suspeita. É tão estranho ouvir a voz dela, delicada e doce, pelo telefone. Vocês tagarelam nervosamente por alguns minutos, interrompendo as falas uma da outra, e logo depois entram num emaranhado de pedidos de desculpas e lágrimas.

"Não acredito que você topou a relação aberta", você diz a Val.

"Você era importante pra ela", ela diz. "Acho que eu não tinha escolha."

"Antes disso."

"Como assim?"

"Quando ela e eu nos conhecemos, ela estava numa relação aberta."

O silêncio do outro lado da linha é longo e lento.

"Do que você está falando?", ela pergunta.

\* \* \*

Quando você chega à festa, seus amigos todos ficam te olhando e perguntam se você está bem.

"Preciso beber alguma coisa", você diz. "E depois preciso contar uma história pra vocês."

# *Casa dos Sonhos como* gato de Schrödinger

Será que foi o arco do universo? O resultado natural de séculos, milênios de decisões políticas equivocadas? Será que ela foi treinada para te encontrar, ou você foi treinada para ser encontrada? Será que foi porque você já tinha sido amaciada, que nem uma costeleta de porco, por: nunca ter se apaixonado de verdade, sempre ter ouvido dos outros que sendo uma mulher gorda você tinha que agradecer tudo, ter sido exposta a ideias bizarras de que um relacionamento envolve muita briga e desentendimento? Ou porque você tinha ficado de coração partido daquela única vez e depois se desesperado para senti-lo inteiro de novo? Porque você se sentia completa com o amor de alguém? Porque você simplesmente adorava ser desejada, desejar alguém, gozar toda hora? Porque você ficou viciada no cheiro dela, na voz dela, no corpo dela? Porque você achou que era isso que merecia? O resultado tão previsível de uma religião que encarava o sexo como uma coisa patológica, mas nunca falava sobre relacionamentos amorosos? Uma educação sexual de merda? A hora errada?

Você sente que deve existir uma caixa que você possa abrir para encontrar a resposta, mas com a tampa fechada a resposta é todas essas coisas, todas ao mesmo tempo.

# *Casa dos Sonhos como* maçã de Newton

No começo do verão, um cara te escreve. Logo que você se mudou para Iowa, ele veio te visitar e vocês dois passaram um fim de semana inteiro na cama, um bom desfecho para um leve flerte de internet que vinha se estendendo por anos. Eis que ele está na cidade para uma conferência do trabalho e te chama para jantar. Você aceita, apesar de não estar com tanta vontade de vê-lo. Você aceita inclusive ir buscá-lo no hotel — um pedido dele —, apesar de também não estar a fim.

Mesmo a caminho do hotel, você fica pensando que só está fazendo o que ele pediu, da mesma forma como fazia com a mulher da Casa dos Sonhos, apesar de ele ser só um cara aleatório. Você pensa nisso enquanto para o carro debaixo do toldo, enquanto o leva até o restaurante. Ele fala com você. Mesmo enquanto interage com ele, mesmo enquanto fazem seus pedidos e jogam conversa fora, você fica abismada ao perceber que o fato de ele ser homem — só esse fato genérico — tem tanto impacto quanto uma relação abusiva duradoura e cuidadosamente editada. É como se um cientista tivesse passado décadas desenvolvendo um sistema de propulsão descendente para fazer uma maçã chegar ao chão, e outro só tivesse usado a gravidade. Mesmo resultado, níveis de esforço totalmente diferentes.

Você decide não beber nada e fica revirando a comida no prato. Ele insiste em pagar a conta. Você o leva de volta para o hotel. Você para na frente da entrada e ele lhe sorri.

"Por que você não estaciona pra gente poder se despedir?", ele pergunta.

Você entra no estacionamento da esquina.

"Por que você não vai lá dentro comigo?", ele diz. "Tem um tanque de carpas lindo lá no lobby."

Ele não está de todo errado. O átrio elevado é de uma beleza impressionante. Você nunca se hospedou num hotel tão bom. Você se debruça sobre uma ponte e olha as carpas lá embaixo, seus corpos musculosos com cor de alerta. Você pensa que seria tão mais fácil só transar com ele e pronto. Ele não é o cara mais horrível do mundo. Resistir é um esforço exaustivo.

"Acho que vou indo", você diz. "Tenho um lance às oito."

Ele faz uma espécie de estalo na garganta, depois sorri.

"Por que você não sobe comigo?", ele diz.

"Preciso ir", você diz.

Ele acompanha você até o carro, e enquanto você revira sua bolsa para encontrar as chaves, ele te beija. Ele não para; ele agarra seus braços, enfia a língua na sua boca. Seu corpo se retesa. Você não luta, mas também não reage. Você flutua para longe do seu corpo por um instante e vê a si mesma, e vê a quase comédia das suas libidos desencontradas. Quando se afasta, ele não parece notar que você não está sentindo absolutamente nada. Ele te dá um cartão de acesso e diz o número do quarto, caso você mude de ideia.

Você para o carro perto de um estacionamento e sai cambaleando por um gramado. Você cai numa pose de criança e respira fundo em arquejos trêmulos enquanto o alerta de emergência do carro tiquetaqueia ao seu lado. A grama reflete a luz acobreada: ela acende e apaga, acende e apaga.

## *Casa dos Sonhos como* sexo e morte

Em junho, você vai de carro de Iowa a San Diego para uma oficina de escrita de gênero que acontece no campus da Universidade da Califórnia em San Diego. No caminho, faz uma parada em Berkeley, onde você morou muito tempo atrás. Você deixa suas coisas na casa de uma amiga e sai para jantar com seu ex-namorado.

Depois de alguns drinques, você conta sobre ela, sobre a Casa dos Sonhos. Ele ouve com atenção, com olhos doces. É tão bom vê-lo que você sente uma dor no coração. Você percebe que sentiu tanta saudade dele porque o motivo para vocês dois não terem dado certo como casal era tão pontual, tão claro. Até a agonia cósmica da partida dele tinha parecido uma parte normal (embora terrível) da vida, como quebrar a perna ou ser demitida.

Quando o jantar vai chegando ao fim, você pergunta se ele quer sair para beber. Mas, quando sai para a rua, você se lembra de como as coisas fecham cedo na cidade.

"Tem um monte de bebida lá na minha casa", ele diz. A frase é cautelosa, mas ele está sorrindo e te fitando de canto de olho.

Seu coração e sua buceta se contraem ao mesmo tempo. Você manda uma mensagem para sua amiga, aquela que está te hospedando. *Eu entendo*, ela responde. *Aproveite! Amanhã tomamos café da manhã?*

Seu ex-namorado aponta para um carro parado no meio-fio; um conversível tão minúsculo que chega a ser cômico. Você ri, sinceramente se divertindo. "Você tem um conversível?" A frase sai um pouco estranha; você repete, depois repete de novo, mudando a entonação. "*Você* tem um conversível? Você tem um *conversível*?" Você já deve estar meio alegrinha.

"Deixo o capô abaixado?", ele pergunta.

"*Claro* que sim", você diz. Ele dá partida, e você abaixa o banco e fica olhando Berkeley e depois Oakland pelo caminho inteiro, os topos dos prédios na visão periférica, um céu manchado de nuvens com estrelas nos espaços vazios entre uma e outra. O carro anda tão rápido que você se sente louca, sente que podia morrer agora e seria emocionante. Você percebe que começou a rir, e ele corre mais ainda.

No apartamento, você faz carinho na cabeça do gato dele com as unhas. Ele prepara um drinque para você. Vocês se sentam de frente um para o outro.

"Senti sua falta", ele diz.

*Eu senti falta de mim mesma*, você quer dizer, mas não diz. "Também senti sua falta", você diz. "Tipo, não senti falta de homem, mas senti sua falta. Que bom que a gente resolveu se encontrar."

Você se esfrega nele e o beija, e depois, quando você está em pé no banheiro, fazendo o melhor que pode para tirar esperma do cabelo, ele diz alguma coisa do outro lado da porta. "Quê?", você pergunta, e abre a porta.

"Vai ficar tudo bem", ele diz. "Quer dizer, você vai ficar bem."

Você fala que ele é doidinho e volta para a pia, enfiando metade da sua cabeça debaixo da torneira. Quando você olha para o espelho, vê que está sorrindo um pouco.

Você toma café da manhã com a amiga com quem teoricamente ia se hospedar e conta sobre a noite anterior. Você está se sentindo tão bem, você diz. Em paz, sei lá. No dia seguinte, um incêndio destrói a casa dela. Não acontece nada com sua amiga, mas o hóspede de uma das pessoas que moravam com ela não resiste e morre. Enquanto dirige pelo Vale Central, você imagina os inspetores de incêndio examinando seus ossos mornos em meio às cinzas. O ar está seco e o trânsito está terrível, mas você vê quilômetros de pomares. A luz é dourada.

# *Casa dos Sonhos como* plot twist

Você passa o resto do seu tempo em San Diego escrevendo, bebendo uísque escocês, fazendo longas caminhadas pela praia com seus colegas de turma e tirando quantidades imensas de alga do mar. Você e Val se falam sempre que dá. Um dia, ela pergunta se pode te fazer companhia na viagem de volta para Iowa, quando você terminar.

Você vai buscá-la em Los Angeles. Ela aparece com os cabelos ao vento, muito bonita, e vocês duas entram no carro e seguem viagem. Você põe "Best Thing I Never Had" da Beyoncé para tocar a todo volume enquanto se aproximam do Grand Canyon. Vocês chegam lá perto do pôr do sol, e você a leva até a beirada e as duas comentam como aquilo é milenar e profundo. A foto que tiram lá é uma das suas favoritas: Val olhando a vastidão do espaço à sua frente, esculpido centímetro por centímetro pela água, o vento e o tempo. Ela está de boca aberta, com os cachos de cabelo escuro voando ao redor do rosto.

Alguns dias depois, no sofá-cama de uma amiga em New

Mexico, vocês se procuram no escuro. Val pergunta se pode te beijar, e você diz que sim.

Todo dia, vocês andam de carro e conversam sobre a mulher da Casa dos Sonhos. À noite, ficam agarradas na cama.

Vocês vão a todas as atrações engana-turista em Roswell, New Mexico. Vocês dormem num hotel de beira de estrada no sul do Colorado, no qual um casal de idosos que está hospedado ao lado fuma maconha e a fumaça entra pela parede precária compartilhada entre os quartos, e as placas alertam sobre ursos. Vocês vão a uma montanha no Rocky Mountain National Park, e seu carrinho sobe por trilhas estreitas e curvas fechadas até chegarem ao topo. Vocês visitam seus primos e o bebê deles recém-nascido em Nebraska; a cabeça do bebê está manchada de roxo por causa da violeta de genciana.

Vocês falam dela, da mulher da Casa dos Sonhos, mas também falam de quem vocês eram antes dela, e de quem vocês esperam ser depois.

Depois de um tempo, você e Val vão passar a se amar fora desse contexto. Vocês vão morar juntas, ficar noivas, se casar. Mas, no começo, é isto que as aproxima: a consciência de que vocês duas não estão sozinhas.

# V

*Sei de duas ou três coisas com certeza, e uma delas é que contar a história do começo ao fim é um ato de amor.*

Dorothy Allison

# Casa dos Sonhos como A hora do pesadelo

Já faz seis anos e eu ainda sonho com isso, apesar de já ter passado por quatro casas/ três amantes/ dois estados/ uma esposa depois da Casa dos Sonhos; e os sonhos não são muito diferentes dos que eu tinha quando criança, aqueles em que eu ouvia os golpes dos passos de algum monstro que permanecia invisível. Os passos nunca aceleravam ou desaceleravam, mas continuavam horrivelmente, terrivelmente estáveis, e quando eu tentava me esconder (porque me esconder era a única coisa que eu sabia fazer; nunca parecia haver a possibilidade de abrir a porta e sair no mundo para além da casa), criaturas surgiam no meu caminho: uma caveira debaixo da cama, um boneco de ventríloquo atrás da cortina do chuveiro, um zumbi no armário. E, embora fossem terríveis, e no sonho eu tivesse a sensação de que não podia compartilhar um esconderijo com eles, eu também entendia que eles estavam escondidos porque eram monstros menores e assustados, que estavam morrendo de medo daquela coisa maior e oculta, e enquanto eu corria de um cômodo a outro, os passos estáveis da coisa que se aproximava nunca esmoreciam. E mesmo depois de seis anos eu continuo tendo medo de que, caso eu me force a acordar (como aprendi a fazer na infância), ela saia do sonho e chegue ao mundo desperto, onde estou em segurança e tão, tão longe.

# *Casa dos Sonhos como* talismã

Quando Val e eu começamos a namorar, eu tinha mais um ano em Iowa City pela frente. Eu via a mulher da Casa dos Sonhos com frequência; pelas ruas e nas livrarias, tomando posse da cidade. Eu ainda não tinha ensinado meu corpo a resistir ao pânico nauseante que esses avistamentos me causavam, e por isso Val me deu um frasco de angélica que comprou numa loja em Salem, Massachusetts. Pareciam lascas de madeira com um cheiro estranho de especiarias. Comprei um medalhão numa corrente longa e polida e enfiei os fragmentos da planta no pendente.

"Eu não acredito nisso", eu disse.

"Usa", ela disse. "Deixa funcionar."

Então eu usei. Nunca saberei se aquilo afastava o mal, mas eis o que com certeza fazia: cutucava meu esterno e cheirava a incenso ruim. De vez em quando o fecho se abria sozinho, e os fragmentos caíam pelo meu colo ou entravam no meu sutiã. Quando tirava a roupa à noite, eu via a câmara do pendente aberta, pendurada, esperando para ser reabastecida. Aquilo me fazia lembrar que Val gostava de mim, e também que nada pode nos proteger.

# *Casa dos Sonhos como* mito

Quando você tenta falar da Casa dos Sonhos depois, algumas pessoas ouvem. Outras assentem, educadas, enquanto fecham devagar a porta que têm atrás dos olhos; parece até que você é uma testemunha de Jeová tentando converter fiéis ou uma vendedora ambulante de enciclopédias.* São gentis com você pessoalmente, mas o que dizem para os outros faz a volta e chega aos seus ouvidos: *Não temos como saber se a situação foi tão ruim quanto ela diz. A mulher da Casa dos Sonhos parece bem normal, simpática até. Talvez as coisas estivessem ruins, mas será que depois não mudaram? Relacionamentos são assim, né? O amor é complicado.*\*\*

---

\* Thompson, *Motif-Index of Folk-Literature*, Tipo C423.3, Tabu: revelar experiências vividas no outro mundo.
\*\* "Vivenciar a típica brutalidade do amor não faz de alguém uma vítima. Faz de alguém uma pessoa adulta", Maureen Dowd escreveu a respeito de Joyce Maynard quando esta publicou um livro de memórias em que contava como J. D. Salinger, décadas mais velho que ela, a seduzira, a agredira e a descartara aos dezoito anos. Qual, eu me pergunto, é o significado de "típica" para Maureen? De "brutalidade"? De "amor"?

*Pode ter sido uma relação agressiva, mas será que foi de fato abusiva? E o que isso significa, aliás? Isso existe mesmo?*

Você nunca mais vai se sentir tão desesperada, tão fodida da cabeça e tão horrível quanto se sente quando ouve essas coisas. Certa vez, uma mulher que parece bêbada encosta no seu braço numa festa e fala "Eu acredito em você" no seu ouvido, e você chora tanto que precisa ir embora. Você vai andando para casa no escuro por uma passarela e vê um guaxinim gordo se sacudindo pelo leito do rio.

O guaxinim é uma divindade enganadora, um *trickster*; todo mundo sabe disso. Ele não olha para cima, ele não fala com você, ele só segue seu caminho. Mas seguir o caminho é uma forma de falar. Você ouve o que ele diz. Ele está dizendo que você vai seguir nessa luta pelo resto dos seus dias.

# *Casa dos Sonhos como* desejo de morte

Depois — quando ela estiver tentando falar com você sem parar e mandando e-mails com pedidos de desculpas floreados no Yom Kippur, e quando as pessoas não acreditarem no que você conta sobre ela e sobre a Casa dos Sonhos —, você vai desejar que ela tivesse te batido. Que tivesse usado força suficiente para te machucar de maneira óbvia e grotesca, para que você tirasse fotos, para que você procurasse a polícia, para que você tivesse conseguido a medida protetiva que queria. Com força suficiente para que o bom senso que lhe abandonara por todo aquele tempo que você passou na Casa dos Sonhos voltasse de uma vez só. Você tem vontade, uma vontade muito errada, de poder pegar seu celular e mostrar uma foto horrível em que você aparece com o olhar vazio e distante, e com metade do rosto coberta por um pulsar. Isso, como você disse, é uma coisa errada, doentia: devem existir milhões de pessoas que vivem do outro lado do punho dos seus parceiros e parceiras e que rezam para que o contrário aconteça todos os dias ou até todas as horas, e pedir ao universo uma coisa assim é de uma insanidade extrema.

Mas você vai pedir assim mesmo. A lucidez é uma droga pesada, e você passa quase dois anos sem ela, achando que está ficando louca, achando que o monstro era você, e querendo acima de tudo que as coisas não tenham nuances.

## *Casa dos Sonhos como* prova

Tantas células do meu corpo morreram e se regeneraram desde a época da Casa dos Sonhos. Meu sangue, minhas papilas gustativas e minha pele há muito recriaram a si mesmos. Minha gordura ainda se lembra, mas muito pouco — em alguns anos, terá se renovado completamente. Meus ossos também.

Contudo, meu sistema nervoso se lembra. As lentes dos meus olhos. Meu córtex cerebral, com sua memória, linguagem e consciência. Elas vão durar para sempre, ou pelo menos enquanto eu durar. Elas ainda podem testemunhar em minha defesa. Minha memória pode contar como o trauma alterou o DNA do meu corpo, como um vírus muito antigo.

Sempre me pergunto qual prova, caso provas tivessem sido medidas, registradas ou mantidas, seria decisiva para o meu caso. Não num tribunal de justiça, exatamente, porque há muitas coisas que nos acontecem e que fogem ao alcance até mesmo de um sistema judiciário perfeito. Mas no tribunal das outras pessoas, no tribunal do corpo, no tribunal da história queer.

Em *Cruising Utopia: The Then and There of Queer Futurity*

[Utopia do *cruising*: O aqui e agora da futuridade queer], José Esteban Muñoz escreve: "A chave para o processo de tornar as provas queer, e com isso me refiro a caminhos pelos quais possamos comprovar a condição queer e compreender a condição queer, é suturá-las ao conceito do vestígio. Pensem no vestígio como um rastro, os restos, as coisas que ficam para trás, pairando no ar como um burburinho".

Estes vestígios: as ondas sonoras da fala dela gravadas num eixo, e uma medição precisa da injeção de adrenalina e cortisol em meu corpo no outro eixo. Testemunhos das pessoas desconhecidas que nos olhavam de canto de olho nos espaços públicos. Uma fotografia da mão dela segurando meu braço na Flórida, com medidas das sombras para indicar a profundidade de indentação; uma equação para representar a provável pressão aplicada. Uma escuta emaranhada em meu cabelo, pronta para gravar o rosnado dela. O cheiro rançoso do ódio. O gosto metálico do medo no fundo de minha garganta.

Nenhuma dessas coisas existe. Vocês não têm motivo para acreditar em mim.


"A prova do vestígio raramente é óbvia", Muñoz diz, "porque é necessário que se contraponha à aspereza da visibilidade *mainstream* e à provável tirania do fato."

Qual é o valor de uma prova? Se algo é verdade, o que isso significa? Se uma árvore cai na floresta e prende uma passarinha à terra, e ela grita sem parar, mas ninguém a ouve, ela de fato gritou? Ela sofreu? Quem poderá dizer?

# *Casa dos Sonhos como* relações públicas

 

E não é verdade que homens fazem *gaslighting* com as mulheres, abusam de suas parceiras, agridem suas namoradas e matam suas esposas desde que o mundo é mundo? E não é verdade que essa violência sempre se torna uma nota de rodapé, uma consequência aceitável? David Foster Wallace jogou uma mesa de centro em Mary Karr e a empurrou de um carro em movimento, mas ninguém nunca toca nesse assunto. É muito provável que Carl Andre tenha empurrado Ana Mendieta da janela do apartamento em que moravam em Greenwich Village, no 34º andar, e se safado do crime.\* No México, William Burroughs deu um tiro na

---

\* Andre foi julgado pela morte de Mendieta e absolvido. Em sua ligação para o número de emergência, Andre disse ao operador: "Minha mulher é artista, e eu sou artista, e tivemos uma discussão sobre o fato de eu ter mais, ahn, exposição pública que ela. E ela foi para o quarto, e eu fui atrás dela, e ela caiu da janela". Manifestantes marcam presença em todas as exposições de Andre, desenhando contornos de corpos no chão, como se alguém tivesse caído de uma grande altura, e espalhando vísceras de animais pela calçada. A pergunta que fazem: "¿Dónde está Ana Mendieta?".

cabeça de Joan Vollmer; a morte de Joan, pelo que o próprio disse mais tarde, fez com que ele virasse escritor. Histórias como essas são tão comuns que deixaram de causar qualquer reação significativa de choque ou revolta; parece mais surpreendente quando não há evidências de que um homem talentoso tenha sido violento com alguém. (Confesso que nunca acredito, só suponho que esses homens saibam encobrir suas ações melhor que os outros.)

Passei anos lutando para encontrar outros exemplos de minha experiência na história das mulheres queer. Folheei livro após livro sobre as mulheres queer do passado, com a caneta pousada no papel, perguntando-me o que teria acontecido se elas contassem ao mundo que haviam sido destruídas por alguém que tinha tão pouco poder quanto elas. Será que os atos de Susan B. Anthony, famosa mulherenga, se estendiam à tortura psicológica? O que Elizabeth Bishop de fato dizia a Lota de Macedo Soares quando bebia além da conta? Será que havia um tremor de ciúmes em suas vozes? Será que arremessavam tinteiros e estatuetas? Será que alguma delas tocava cuidadosamente seus hematomas sabendo que explicar como tinham aparecido seria muito complicado? Será que alguma delas um dia se perguntou se o que lhes havia acontecido tinha nome?

Nunca vou me esquecer do soco que senti no estômago quando um dos primeiros casais de mulheres que haviam se casado em Massachusetts se divorciou, cinco anos depois — uma mistura de pânico com vergonha. Eu era recém-formada, tinha acabado de sair do armário e estava tentando me relacionar com mulheres em Berkeley. Eu me lembro de sentir um pavor, como se um divórcio não fosse algo que acontecia ao meu redor a toda hora, como se não fosse uma coisa insignificante. Mas é isso que chamamos de ansiedade minoritária, não é? A sensação de que, se você não tomar cuidado, alguém vai te ver — ou ver alguém que compartilha de sua identidade — fazendo algo humano e usar isso para te atacar. A ironia, é claro, é que pessoas queer precisam desse marketing positivo. Para lutar por direitos que não temos, para manter aqueles que conquistamos. E não passamos esse tempo todo tentando dizer que somos iguais a vocês em tudo?

Não é exagero dizer que as pessoas que vivem à margem precisam ser melhores do que aquelas que vivem no *mainstream*, que têm de se esforçar em dobro para se impor. Ao tentar mostrar que é um ser humano, você revela exatamente isso: que é um ser humano. Sua natureza essencialmente problemática. Todas as maneiras únicas e terríveis pelas quais as pessoas podem fracassar, e muitas vezes fracassam. Mas muita gente tem dificuldade para entender isso. É parecido com o que aconteceu com as pessoas que, depois de assistirem a *Procurando Nemo*, compraram peixes-palhaço sem saber cuidar deles, e os peixes morreram. Às vezes as pessoas amam uma ideia, mesmo que não saibam o que fazer com ela. Mesmo que só saibam fazer a pior coisa possível.

# *Casa dos Sonhos como* cabana na floresta

Fui para Yaddo, uma residência artística, para escrever este livro, e estava na chave da performance máxima. Só fui perceber isso depois de algumas semanas, enquanto gargalhava durante o jantar e, pela primeira vez em séculos, ouvi a mim mesma. Na adolescência, eu seria capaz de matar para ter essa autoconfiança. Sem nunca sair da performance, ora eu era bruxa, ora socialite. Usava saias com corte sereia, macacões de seda, vestidos bordados de lantejoulas muito elegantes que iam até o chão, estolas de pele falsa, túnicas pretas e brincos cintilantes de *strass*. Eu não tinha papas na língua. Bebia vinho no jantar, repetia os pratos e saía desfilando pelo entorno. Dormia a poucos metros do lugar onde escrevia, numa cabana em meio às árvores. Jogava Pokémon Go durante longas caminhadas e disputava o único ginásio do lugar (cuja localização abstrata era um chafariz grandioso e elegante na base da encosta da mansão) com um avatar chamado "Hornbuckets". Era outono, e todos os dias as folhas e agulhas de pinheiros caíam das árvores; nunca parei de recolher detritos do meu sutiã. Esfriou, depois esquentou, depois esfriou de novo. Nevou, mas a neve derreteu no dia seguinte. Fui dirigindo até o sul de Vermont no Halloween para um evento de literatura com vários outros escritores, furei um pneu numa estradinha vicinal escura na volta, e ficamos esperando a locadora do carro contando histórias sobre nossos piores empregos.

Na mansão da propriedade, os móveis ficavam amontoados no centro dos cômodos e cobertos por lençóis. Vi uma pintura das crianças mortas, vestidas de preto. Pensei ter ouvido alguém sussurrando meu nome, mas quando me virei não havia ninguém. "Aqui o som se propaga de um jeito estranho", um dos residentes explicou. Os quartos, por sua vez, eram monásticos, bombásticos. Cultivei paixonites por uma pessoa que escrevia para teatro e uma pessoa que escrevia não ficção, revirei os olhos para alguém que fazia esculturas, senti uma grande ternura por artistas visuais fodonas que tinham conseguido invadir o Clube do Bolinha da arte antes de eu nascer. Conversei sobre suplementos alimentares com uma pessoa que pintava e consolei alguém que fazia música. Donald Trump foi eleito presidente. Todos choraram à mesa de jantar. Perto do fim, contei a história da Casa dos Sonhos, mas a versão engraçada: a versão que põe em primeiro plano a ironia da minha relação com Val e a ex de merda como uma figura universal. Eu vivia em estado de alerta: caso aparecessem corças, caso aparecessem fantasmas.

# *Casa dos Sonhos como* dilema do prisioneiro

Muitos anos depois, você insere um cartão de memória na sua câmera SRL e encontra dezenas de fotos da mulher da Casa dos Sonhos nua. Você estremece sem querer quando a primeira imagem aparece no visor LCD.

Você tem uma lembrança nítida daquela tarde: a luz natural indireta e suave se espalhando pelo quarto; ela pelada e pálida, descansando, e como a buceta dela se encheu de sangue e ficou escarlate. (Ou foi logo antes de trepar ou logo depois.) Você ficou agachada entre as pernas dela e tirou dezenas de fotos, adorando aquele degradê que ia do branco ao rosa e ao roxo. Essa lembrança não tem nada de sexual; é uma lembrança distante, remota, como se você assistisse a um filme sobre a vida de outra pessoa.

Você passa um tempo sentada, pensando nas fotos. Poderia guardá-las, mas não há motivo, bom ou mau, para isso. Você não tem nenhuma intenção de fazer chantagem ou apelar para o tipo de vingança que as fotos permitiriam; elas deixaram de ser eróticas para você. (A rapidez com que seu desejo estancou quando você a viu como ela era, como na cena de *O iluminado* em que

Jack Nicholson se afasta de uma mulher sensual e em seu lugar encontra uma criatura em decomposição.) Elas são só uma lembrança, e enquanto apaga para sempre as fotos que estão no cartão de memória, você sente a dor irracional da perda.

# *Casa dos Sonhos como* universo paralelo

De quando em quando, você se pega pensando que as coisas poderiam ter dado certo. Ou talvez *dado* não seja a melhor palavra, porque sugere que nada estava sob o controle das pessoas envolvidas; que o desfecho é mero destino, ou teoria do caos. Mas, supondo que ela fosse normal, supondo que ela não tivesse mirado direto nos seus pontos fracos, supondo que ela não guardasse em si aquele núcleo sombrio e fumacento de veneno, o que teria acontecido? Muitas coisas. Talvez você, ela e Val tivessem continuado juntas, uma história de sucesso no poliamor. Talvez vocês não tivessem continuado juntas, mas continuassem sendo boas amigas, um trio envelhecendo sem perder o contato. Ou talvez tivesse sido confuso e triste. Às vezes, você queria ter a oportunidade de descobrir.

## *Casa dos Sonhos como* best-seller de autoajuda

No começo, acreditei que eu era especial. Foi horrível descobrir que eu era normal, que tudo que acontecia comigo — um cenário vítreo e devastador pelo qual eu caminhava descalça — havia sido descrito em detalhes em livros e relatórios, nas estatísticas. Foi terrível porque eu queria acreditar que meu amor era raro e minha dor era rara, como todos nós queremos pensar. ("Tendo agora revelado tudo sobre o fiasco com a Professora", Terry Castle escreve, "confesso que por um lado me sinto um pouco constrangida devido à imensa banalidade da história, à minha própria disposição para ser feita de trouxa, ao clássico sangue-frio da pessoa que me seduziu.") Mas então li livros e mais livros sobre abuso lésbico e vi mulheres que, sob pseudônimo, vomitavam histórias idênticas à minha. Há um gráfico de pizza que abarca aqueles anos da minha vida. Um gráfico de pizza!

O primeiro livro sobre abuso lésbico foi publicado no ano em que nasci. Não é a obra mais antiga do mundo, mas também não é nenhum lançamento. Por que ninguém me falou sobre isso? Mas quem teria me falado? Eu conhecia tão poucas pessoas queer, e a maioria tinha a minha idade e ainda estava se descobrindo. Imagino que, um dia, vou convidar jovens queer para tomar chá com queijos e conselhos, e poderei dizer: pessoas que parecem iguaizinhas a vocês podem machucá-las. Não só pode acontecer como provavelmente vai acontecer, porque o mundo está cheio de pessoas machucadas que machucam as outras. Mesmo que a cultura dominante te veja como uma anomalia, isso não significa que você não pode ser normal, carne de vaca de tão normal.

# *Casa dos Sonhos como* clichê

Vemos o clichê como algo chato e previsível, mas na verdade o clichê é uma das coisas mais perigosas do mundo. Nosso cérebro não é capaz de captar completamente um clichê — ele passa por cima da frase, oração ou ideia sem titubear. Para descrever uma situação abusiva, é quase certo que lançaremos mão de clichês: "Se você não é minha, não vai ser de mais ninguém". "Quem vai acreditar em você?" "Foi bom, depois foi ruim, depois foi bom de novo." "Se eu tivesse ficado, eu morreria." Horrível, ultrajante, e ao mesmo tempo nada de novo. Esse caráter banal e previsível promove uma espécie de nivelamento, porque torna tediosa o que na verdade é uma experiência decisiva e terrível.

E por isso, quando me debrucei sobre relatos e mais relatos de violência doméstica queer, poucos detalhes saltavam aos olhos. Este é o relato que mais me marcou:

Uma mulher chamada Anne Franklin relatou sua própria história de abuso num ensaio para o *Gay Community News* em 1984. Certa vez sua parceira, loira e *femme* — uma terapeuta natural que fazia massagens e cartas celestes, e que antes de conhecê-la quase tinha virado freira —, a atacara com pedras numa praia da França. "Sei que parece inacreditável", ela escreveu. "Parece uma cena de desenho animado." Ela entrou na água para escapar do apedrejamento. (O *apedrejamento*.\* Essa imagem me persegue há muito tempo; a ideia do que foi e é uma punição por sua homossexualidade, e uma punição imposta pela mulher que ela amava. Entrar no mar para fugir. *Pedra*. "Stone." A expressão "*stone butch*"\*\* . A revolta de Stonewall\*\*\*. A história queer incrustada de pedras, como se fosse uma joia.) "Mais tarde", ela escreveu, "nós duas demos risada do que tinha acontecido." Deram risada do fato de ela, Anne, ter sido apedrejada numa praia na França. Do fato de ela ter entrado no mar e corrido para o fundo, como uma versão dos desembarques da Normandia ao contrário.

---

\* Penso muito nisso porque dialoga com aquela velha questão: o abuso entre pessoas queer parece — e é — homofobia, assim como o abuso entre pessoas heterossexuais parece — e é — machismo. Estou fazendo isso porque vou me safar; vou me safar porque você existe numa espécie de margem da cultura, numa periferia da sociedade.
\*\* Expressão que se refere a uma mulher lésbica vista como masculina que não aceita ser penetrada durante o sexo. (N. T.)
\*\*\* Que deu origem ao dia do orgulho LGBTQIA+. (N. T.)

# *Casa dos Sonhos como* câmara anecoica

Numa passagem por Iowa City, você visita uma câmara anecoica construída no fundo da terra. Uma amiga vai com você, e, enquanto as duas descem a escada, lhe ocorre que a situação não é tão diferente do começo do conto "O barril de Amontillado", de Edgar Allan Poe. O guia as leva para dentro e fecha a porta pesada atrás de vocês, e vocês se deitam de barriga para cima numa plataforma de metal que paira no ar.

Nesse lugar, e só nesse lugar, tudo faz barulho. O fluxo ritmado do seu sangue, sua garganta engolindo saliva. Até sua língua se movendo pelo céu da boca, que soa como um móvel sendo arrastado por um quintal de cascalho. Nesse lugar, seu corpo é tão grotesco quanto você o vê. Nesse lugar, você não está morta, mas é bem possível que tudo ao seu redor esteja.

Não há alucinações, exatamente, exceto por um zunido estranho no limite da sua audição, que soa, como sua amiga observa, como cigarras no auge do verão. O zunido não existe, é claro; suas mentes estão ocupando o silêncio, só isso. Você ficaria louca se passasse muito tempo aqui, você pensa. Sua mente preencheria todas as lacunas, e só deus sabe o que usaria para isso.

O que acontece quando não há ecos, aqui, nessa cripta subterrânea?

Você bate palmas, mas nada responde.

# *Casa dos Sonhos como* nave geracional

Mais cedo ou mais tarde, todos se esquecem. Talvez essa seja a pior parte. Faz tanto tempo que alguém viu a Terra; tanto tempo desde que aquela tripulação entrou na nave, deixando para trás seu querido planeta envolto em fumaça e gelo. Eles tinham que sair dali — eles sabiam, todos sabiam, mas eles tiveram sorte e encontraram uma nave.

E eles seguiram rumo ao Outro Lugar e se estabeleceram, e, quando tiveram filhos, contaram aos filhos a história do lugar onde moravam antes. Talvez não tenham contado as piores partes, porque agora, rodeados por cromo, vidro e estrelas, a dor aguda da traição daquele planeta se amenizara. E quando enfim faleceram, e a nave ainda avançava para Lá, os filhos dos filhos da primeira tripulação tinham apenas uma vaga compreensão do que Um Dia Existiu. Quando enfim chegaram ao Outro Lugar (um planeta lindo, com pedras cantantes, árvores de citrino, solo que cheirava a cominho e água sobre a qual se podia caminhar), ninguém sequer conseguia se lembrar por que tinham deixado a Terra, para começo de conversa.

"Devia ser horrível", eles diziam com pouca convicção. "Fizemos tanto esforço pra sair de lá. Devia ser o pior lugar de todos."

Mas essa dúvida se tornou tão incômoda e tão profunda que acabaram lhe dando um nome:

*Nostalgia* (substantivo)
1. A sensação inquietante de que não se pode acessar o passado completamente; de que, uma vez que nos afastamos de um acontecimento, algo de essencial em sua natureza se perde para sempre.
2. Um lembrete para se lembrar: só porque a agudez da tristeza arrefeceu, não significa que um dia essa mesma tristeza não foi insuportável. Significa apenas que o tempo e o espaço, criaturas de proporções e generosidade infinitas, se interpuseram entre vocês, e hoje a protegem como no passado não puderam.

# *Casa dos Sonhos como L'esprit de L'escalier*

Quando estava me preparando para viajar a Cuba com meu irmão para conhecer o lugar onde nossos antepassados viviam, descobri que Santa Clara, Cuba — a cidade onde meu avô nasceu e cresceu, e onde foi obrigado a comer uma sopa feita com seu galo de estimação — é a cidade-irmã de Bloomington, Indiana. Como isso era possível? Dentre todas as cidades do mundo, como essas duas eram conectadas por um cordão umbilical tão aleatório?

Depois que chegamos lá, fomos num carro com ar-condicionado de Havana a Varadero, depois pegamos um ônibus quente e cheiroso de Varadero para Santa Clara. Eu mal falo espanhol; meu irmão fala e já tinha estado lá, e ele foi gentil, compreensivo e delicado, e também cuidou bem de mim. Como se meu estômago sentisse minha tensão, passei mal, muito mal, e numa manhã, a pouco mais de cinco metros da casa em que meu avô tinha vivido sua infância, passei quatro horas vomitando tanto que distendi o diafragma sob a luz aquosa do amanhecer. Depois, a dona da *casa particular* fez um encantamento em mim; entoou uma espécie de oração confusa com uma fita métrica e baniu minha indigestão (como ela chamou a coisa) mandando-a para outro lugar. "Não sou eu", ela disse. "Sou apenas um canal para Deus, louve a Deus." Depois ela me fez beber uma garrafa inteira de água tônica, que eu nunca tinha bebido sem gim.

Andar por Santa Clara foi bonito e ao mesmo tempo insólito, porque eu não conseguia parar de pensar no meu avô andando pelas mesmas ruas. Também fiquei imaginando que andávamos por um mapa paralelo em Bloomington, Indiana. É assim que cidades-irmãs *deviam* ser: eu poderia andar pelas duas simultaneamente, separadas só por um véu fino e místico, e se eu fosse ao lugar certo na hora certa poderia espiar a outra cidade. Eu poderia mexer numa certa cortina ao lado de uma certa galinha e de repente dar de cara com a Casa dos Sonhos e com as pessoas que moram lá agora.

As ruas viviam repletas de gente e táxis, carregadas de bicicletas e cavalos e carros antigos em diferentes níveis de desmazelo. O famoso hotel da praça tinha o mesmo esquema de cores de uma casa que meus avós já tiveram em Maryland.

Nós nos aproximamos de uma escola em que uma avalanche de crianças de uniforme saía pelo portão. "Foi aqui que o vovô estudou", meu irmão disse. "Aqui mesmo." Ele apontou o dedo para um banco ali perto, na mesma praça. "Quando vim aqui com o vovô", ele disse, "ele me contou uma história de um dia em que ele estava indo pra casa depois da aula e pegou uma tempestade, então ficou embaixo do telhado daquele banco pra se proteger até a chuva parar. Um carro chique parou do lado e abriu o vidro. Era um cara cubano branco e rico. Ele chamou o vovô para perto da janela."

"O que ele queria?"

"Não sei. Mas ele deve ter pensado: 'Ah, eu posso chamar esse menininho marrom pra vir aqui debaixo da chuva pra fazer, sei lá, qualquer coisa, e ele faz'. Mas o vovô não quis, e o cara continuou chamando, até que uma hora o vovô mandou ele se foder."

Foi assim que meu irmão contou a história. Não consigo exatamente imaginar meu avô — um homem engraçado e simpático que saiu de Santa Clara e de Cuba de uma tacada só, e que adorava lojas de artigos eletrônicos, canetas grátis e relógios, e amava tentar consertar aparelhos de todos os tipos e construir gaiolas para passarinhos, e que naquele momento estava nos Estados Unidos descendo a íngreme ladeira da demência — mandando alguém se foder, mas ao mesmo tempo acredito nessa versão dele. Ele nunca se desculpava, nem chorava, nem implorava por nada.

Meu irmão e eu bebemos drinques El Presidente aguados num café perto do banco, debaixo de uma tapeçaria em homenagem a Che Guevara, e eu fiquei jogando a frase *vai se foder* de um lado para o outro na minha boca; uma resposta satisfatória que havia chegado com um atraso de anos.

# *Casa dos Sonhos como* vacina

Quando eu era criança, aprendi que criamos imunidade quando uma doença se alastra pelo nosso corpo. Seu corpo é genial, mesmo quando você não é. Ele não só se cura — ele aprende. Ele se lembra. (Tudo isso se o vírus não te matar antes, claro.)

Depois da Casa dos Sonhos, desenvolvi um sexto sentido. Ele se manifesta em momentos aleatórios — quando conheço colegas de sala ou de trabalho, a nova namorada de alguém do meu círculo de amigos, uma desconhecida numa festa. Uma aversão física que aparece sem mais nem menos, algo muito similar ao fluxo de saliva ácida que precede o vômito. Inconveniente e irritante, mas importante: um alerta genial do meu corpo genial.

## *Casa dos Sonhos como* fim

Dizer que qualquer coisa de fato chega ao fim é, com certeza, a mentira de toda escrita autobiográfica. Você tem que decidir encerrar em determinado ponto. Você tem que libertar quem lê.

Onde encerrar essa história? No meu casamento com Val, num dia quente de junho? Num confronto — entre mim e a mulher da Casa dos Sonhos — que tornaria a narrativa mais satisfatória? Se você agarrar a história pela base, puxar e ouvir um barulho de alguma coisa rasgando, quer dizer que as raízes estão soltas? O que sobra na terra?

Será que eu devia voltar a uma lembrança da Casa dos Sonhos? Uma lembrança agradável? Será que isso funciona, um contraste entre o que poderia ter acontecido e o que aconteceu? Uma lembrança de nós duas voltando para casa depois de visitar uma vinícola da região, bebericando um Zinfandel com aroma de especiarias, comendo um queijo feta e contando uma história?

Um dia a mulher da Casa dos Sonhos vai morrer, e eu vou morrer e Val vai morrer, e John e Laura vão morrer, e meu irmão vai morrer, e meus pais vão morrer, e os pais dela vão morrer, e todas as pessoas que nos conheceram vão morrer. Será que esse é o fim da história? O avanço inconsequente e ruidoso do tempo?

Há um conto folclórico panamenho que termina assim: "Meu conto só chega até aqui; ele termina, e o vento o leva embora". Esse é o único final verdadeiro que existe.

Às vezes você precisa contar uma história, e em dado momento você precisa parar.

# *Casa dos Sonhos como* epílogo

Escrevi grande parte deste livro na zona rural do leste do Oregon.* Fiquei hospedada numa cabana à beira de um lago que passou o verão praticamente seco. Aquela é uma região de deserto; fazia frio à noite e calor durante o dia. O ar era tão, tão seco que eu bebia água de hora em hora e ainda sentia uma sede insaciável. Certa manhã, uma gota de sangue caiu na minha escrivaninha, então fui ao banheiro e peguei papel higiênico para estancar o sangramento nasal. Quando voltei, percebi que tinha deixado um rastro de sangue, *plic-plic-plic*, pelo chão.

Eu passava o dia inteiro sentada, olhando os pés de vento levantarem poeira do outro lado do que um dia fora o lago.** Tinham me dito que ainda havia um pouco de água ali, mas para alcançá-la eu teria que andar quilômetros. Parecia uma paisagem

---

\* Thompson, *Motif-Index of Folk-Literature*, Tipo D2161.3.6.1, Restauração mágica de língua cortada.
\*\* Thompson, *Motif-Index of Folk-Literature*, Tipo A920.1.5, Corpos d'água feitos de lágrimas; Tipo A133.1, Deus gigante bebe lago até secá-lo.

alienígena; me fazia lembrar dos desertos de sal de Utah ou de episódios de *Star Trek*. Eu andava até algumas cavernas onde as águias se empoleiravam e a terra debaixo dos seus ninhos ficava cheia de uma massa de pelos e ossos. Uma coruja deixou um coelho pela metade diante da minha porta; de manhã, alguma outra coisa o levara embora e deixara um caminho de sangue seco.

Depois de jantar, eu ia ao lago seco com outros residentes. Primeiro atravessávamos um campo macio e ondulante de grama seca que chegava aos nossos ombros. Depois havia uma margem de um solo tão fino quanto açúcar de confeiteiro; parecia que estávamos pisando em poeira lunar. Então o solo se solidificava e se partia em milhares, milhões de pedaços, criando padrões geométricos lindos. Enquanto andávamos, a terra começava a estalar de um jeito muito agradável sob nossos pés. Quando andávamos uma distância suficiente, o solo começava a se soltar e ficar mais macio, parecendo aquela proteção emborrachada que envolve os canos do trepa-trepa no parquinho. Depois de um tempo, o cheiro mudava: lembrava um pouco enxofre e um pouco alvejante, o cheiro de uma tília, o cheiro inconfundível de — como eu disse aos outros residentes, já me arrependendo no instante em que a palavra saía da minha boca — esperma. Ninguém concordou comigo, ou se concordou não quis admitir. Eu agachei e peguei um pedaço de terra seca e o solo embaixo estava úmido: a memória do lago.

Houve um incêndio florestal numa montanha pequenina que ficava próxima da nossa linha de visão. Certa tarde, passei por lá de carro e observei as chamas de um laranja absurdo subindo pelo aclive, engolindo tudo e deixando para trás sálvia brilhosa e queimada, gravetos de árvores, pedaços de cerca que ainda crepitavam e, por incrível que pareça, trechos de espaço intocado em que o acaso deixara alguma coisa sobreviver. Um helicóptero se precipitava pelos arredores como uma libélula, jogando lâminas cintilantes de água na terra.

Fui à cidade para ficar no ar-condicionado na biblioteca. A bibliotecária quis falar comigo sobre o incêndio. Ela me contou que incêndios eram uma ameaça aos bois e às vacas, mas não às corças. "Ninguém nunca encontra carcaças de corça depois que essas coisas acontecem", ela disse. "As corças sabem sair do caminho. Mas os bois e as vacas... ninguém consegue fazê-los sair do lugar. O fogo vem e eles não sabem o que fazer."

No caminho de volta, a fumaça tóxica e castanha flutuava sobre o sol. Naquela noite, o fogo continuou. Fui até a varanda para ver e, mesmo quando os pernilongos chegaram para se refestelar, não consegui tirar os olhos daquilo: uma lua quase cheia iluminando nuvens passageiras e a pulsação dourada e distante do fogo sobre a montanha, brilhando como um segundo nascer do sol.

Na manhã seguinte, enquanto eu escrevia, alguma coisa surgiu do meio da grama a poucos metros da minha janela: um veado jovem com chifres aveludados e orelhas tão compridas e expressivas que chegavam a ser engraçadas. Ele não pareceu notar minha presença, e se aconchegou à sombra de uma árvore. Fiquei paralisada, manifestando um vestígio da minha obsessão infantil por cavalos. Deixei umas minicenouras para ele, andando com pulinhos para mostrar que não queria lhe fazer mal nenhum, mas ele não comeu, e dentro de poucas horas o ar as secou e transformou em varetas brancas e enrugadas.

Toda vez que eu me mexia, ele se virava e me observava com aqueles olhos pretos. Quando parava de prestar atenção em mim — quando eu passava um tempo sentada, lendo ou escrevendo —, ele chegava ao máximo relaxamento de que um veado é capaz. Seus olhos piscavam mais lânguidos. Ele mordiscava as folhagens, espantava moscas, sacudia as orelhas e o rabo pelo ar. Uma vez o vi lamber os lábios e bocejar em seguida. A intimidade, a confiança, teria sido quase insuportável, se eu pensasse que era confiança.

Certa vez fui até a janela e havia dois deles, dois veados, sentados debaixo da árvore. Seu pelo parecia macio, e eles respiravam ofegantes naquele calor, como cães grandes e lindos. Mas meu pé fez o assoalho ranger, e eles dispararam graciosamente pela grama. Continuaram correndo por quase um quilômetro.

Alguns dias depois, a lua cheia apareceu — tingida de vermelho-sangue graças à fumaça — e eu fui caminhar até o lago. À medida que subia cada vez mais, a lua escapou da fumaça e se transformou numa moeda luminosa contra o céu. Cada detalhe do solo rachado era absurdamente nítido; as fendas, escuras e profundas. Gostaria que tudo fosse assim tão claro. Gostaria de ter sempre vivido neste corpo, e você poderia ter vivido aqui comigo, e eu poderia ter lhe dito que está tudo bem, que vai ficar tudo bem.

Quando me virei, minha sombra de lua prateada e escura foi andando na minha frente enquanto eu voltava para a margem.

Meu conto só chega até aqui; ele termina, e o vento o leva embora.

# Posfácio

Num artigo sobre o livro *How to Suppress Women's Writing* [Como reprimir a escrita das mulheres], de Joanna Russ, Brit Mandelo diz que a história literária das mulheres foi "escrita na areia". Não consigo pensar numa metáfora mais adequada para o processo de escrita deste livro, que exigiu que eu encontrasse textos que tratassem de pessoas queer e violência doméstica — dois temas que historicamente foram omitidos ou pouco abordados. Houve momentos em que senti que não estava escrevendo, de fato; era como se precisasse arremessar uma faca para reter fragmentos da história antes que mudassem de posição ou se dissipassem.

Uma observação quanto à linguagem: ao longo deste livro, tomei uma série de decisões linguísticas e retóricas no que se refere às terminologias de orientação sexual e identidade de gênero. Aqui, dou preferência a "lésbica" e "mulher queer", e não falo de forma explícita sobre homens gays ou queer, nem de pessoas de gênero não binário e não conforme, embora essas pessoas também vivenciem abuso. Tomei essas decisões por alguns motivos.

Em primeiro lugar porque sou uma mulher queer mais ou menos cisgênero e me sinto mais confortável escrevendo através dessa lente. Em segundo lugar, porque boa parte das fontes históricas que encontrei e que me informaram tratavam principalmente de lésbicas cisgênero e suas comunidades. Em terceiro lugar porque, se é trabalhoso incluir todas as identidades de gênero possíveis em todas as páginas, mais impensável ainda é insinuar que as histórias, experiências e lutas de todas as pessoas queer são de certa forma intercambiáveis, quando na verdade estão muito longe disso. Se há falhas nestas páginas, elas são minhas e apenas minhas.

*Na Casa dos Sonhos* não almeja, de forma alguma, apresentar um panorama da pesquisa contemporânea sobre a violência doméstica em relações do mesmo sexo ou sua história. Tal livro, até onde sei, ainda está para surgir. Um dia — quando ele for escrito, se for escrito —, espero que esta tentativa rudimentar e provisória de estabelecer um cânone possa ser um recurso útil, além de uma forma de honrar todo o trabalho que nos antecedeu.

Não há muitos textos disponíveis a respeito da violência doméstica e do abuso sexual queer. Mas o que de fato encontrei me estimulou a continuar. Li o incrível ensaio "If You Ever Did Write Anything about Me, I'd Want It to Be about Love" [Se você um dia escrevesse sobre mim, eu gostaria que fosse sobre amor], de Conner Habib, logo depois de viver minha história de abuso, e o texto me deixou destroçada e ao mesmo tempo me ancorou. Alguns anos depois, o primoroso ensaio "Never Say I Didn't Bring You Flowers" [Nunca diga que não lhe dei flores] me mostrou novas formas de pensar no que tinha acontecido comigo. Enquanto eu tentava terminar este livro de memórias, a exuberante e devastadora coletânea de poemas *For Your Own Good* [Para o seu bem], de Leah Horlick, me arrebatou com sua beleza. O livro *Abandon Me* [Me abandone], de Melissa Febos, retratou o trauma oriundo de uma relação queer com genialidade e franqueza. Um capítulo de *Retrospect: A Tazewell's Favorite Eccentric Zine Anthology* [Retrospecto: Uma antologia de zines excêntricos de Tazewell] — "Hello..." — chegou até mim no momento em que mais precisei. *The Professor*, de Terry Castle, me fez rir alto mais de uma vez — algo quase chocante para alguém que estava escrevendo este livro.

Outros livros e artigos úteis incluíram *Naming the Violence: Speaking Out About Lesbian Battering* [Dando nome à violência: Falando abertamente sobre a violência contra mulheres lésbicas], editado por Lobel (Seal Press, 1986); "Building a Second Closet: Third Party Responses to Victims of Lesbian Partner Abuse" [Construindo um segundo armário: Reações de terceiros a vítimas de abuso em relações lésbicas], de Claire M. Renzetti (*Family Relations*, 1989); "Lavender Bruises: Intra-Lesbian Violence, Law and Lesbian Legal Theory" [Hematomas lilases: Violência na comunidade lésbica, direito e teoria jurídica lésbica], de Ruthann Robson (*Golden Gate University Law Review*, 1990); "Prosecutorial Activism: Confronting Heterosexism in a Lesbian Battering Case" [Procuradoria e ativismo: Confrontando o heterossexismo num caso de violência contra uma mulher lésbica], de Angela West (*Harvard Women's Law Journal*, 1992); *Boots of Leather, Slippers of Gold: The History of a Lesbian Community* [Coturnos de couro, chinelinhos de ouro: A história de uma comunidade lésbica], de Elizabeth Lapovsky Kennedy e Madeline Davis (Routledge, 1993); *Lesbian Choices* [Escolhas lésbicas], de Claudia Card (Columbia University Press, 1995); "Describing without Circumscribing: Questioning the Construction of Gender in the Discourse of Intimate Violence" [Descrever sem circunscrever: Questionando a construção de gênero no discurso da violência íntima], de Phyllis Goldfarb (*Boston College Law School*, 1996); "Toward a Black Lesbian Jurisprudence" [Rumo a uma jurisprudência negra e lésbica], de Theresa Raffaele Jefferson (*Boston College Third World Law Journal*, 1998); *Same-Sex Domestic Violence: Strategies for Change*

[Violência doméstica entre pessoas do mesmo sexo: Estratégias em prol da mudança], editado por Beth Leventhal e Sandra E. Lundy (Sage Publications, 1999); *Taking Back Our Lives: A Call to Action for the Feminist Movement* [Reavendo nossas vidas: Um apelo ao movimento feminista], de Ann Russo (Routledge, 2001); *Sapphic Slashers: Sex, Violence, and American Modernity* [Assassinas sáficas: Sexo, violência e modernidade americana], de Lisa Duggan (Duke University Press, 2001); *No More Secrets: Violence in Lesbian Relationships* [Chega de segredos: Violência em relacionamentos lésbicos], de Janice L. Ristock (Routledge, 2002); "The Closet becomes Darker for the Abused: A Perspective on Lesbian Partner Abuse" [O armário se torna mais sombrio para vítimas de abuso: Uma perspectiva do abuso entre casais de mulheres lésbicas], de Marnie J. Franklin (*Cardozo Women's Law Journal*, 2003); "Constructing the Battered Woman" [Construindo a mulher maltratada], de Michelle VanNatta (*Feminist Studies*, 2005); e "When Is a Battered Woman Not a Battered Woman? When She Fights Back" [Quando uma mulher maltratada deixa de ser uma mulher maltratada? Quando ela se defende], de Leigh Goodmark (*Yale Journal of Law & Feminism*, 2008). Também tive a sorte de ganhar acesso a uma incrível fortuna de publicações de autoria de gays, lésbicas e feministas com décadas de produção sobre esse tema, incluindo *Sinister Wisdom*, *Gay Community News*, *Off Our Backs*, *Lesbian Connection*, revista *Matrix* e *Network News: The Newsletter of the Network for Battered Lesbians*.

A todas as pessoas que escreveram esses textos, aos arquivos, às publicações e editoras: obrigada por seu ativismo, seu estudo e sua sabedoria.

# Agradecimentos

Este livro não existiria sem os seguintes recursos e apoio: Universidade da Pensilvânia, Lesbian Herstory Archives, Special Collections and University Archives da University of Oregon, Yaddo, Playa, Wurlitzer Foundation e Bard College. Muito obrigada a Tracy Fontil por sua pesquisa impecável e minuciosa, e à Bassini Foundation por patrocinar sua aprendizagem.

Obrigada a Dorothy Alison por sua sabedoria, a Elliott Battzekek e Sawyer Lovett da Livraria Big Blue Marble por seus conselhos e ideias; a Jane Marie do site *Hairpin* por publicar meu primeiro texto sobre esse assunto; a Jen Wang e Jess Row pela expertise musical; a Kendra Albert por me levar a fontes sobre o silêncio de arquivo; a Kevin Brockmeier por ter lido e apoiado uma das primeiras versões deste livro; a Laury Frieber por seu conhecimento jurídico; a Mark Mayer por sua edição afiada e validação tão gentil; a Michelle Huneven por suas sugestões tão sensíveis para o ensaio "A Girl's Guide to Sexual Purity" [Um guia de castidade para garotas] quando foi publicado no *Los Angeles Review of Books*; a Nikki Gloudeman por ter editado "Gaslight" para o *Medium* e a Matt Higginson por ter encomendado o artigo; a Sam Chang por sua excelência em todas as áreas e também por ter me apresentado a *The Professor*, de Terry Castle; a Sofia Samatar por suas ideias brilhantes sobre as possibilidades radicais da não ficção; a Ted Chiang por ter me ensinado sobre viagem no tempo; a Yuka Igarashi do *Catapult* por ter editado e publicado "The Moon Over the River Lethe" [A lua sobre o rio Lete]; e aos urubus que ficaram empoleirados numa árvore no alto da minha cabeça enquanto eu terminava este livro, por terem limpado tudo que estava podre.

Devo muito, como sempre, aos meus editores, Ethan Nosowsky e Yana Makuwa (este livro é infinitamente melhor graças às sugestões deles); ao meu genial e assustadoramente eficaz agente, Kent Wolf, e a toda a equipe da Graywolf por seus incansáveis esforços, por sua fé sem limites e pela torcida infinita.

Sou profundamente grata a Amy, E. J., Evan, John, Laura, Rebecca, Rebekah e Tony por seu amor, sua amizade e sua presença estabilizadora durante aquela fase; a Chris, Emma, Lara e Sam por terem me escutado quando minha dor estava em carne viva e ininteligível; a Audrey, RK e a todas as outras participantes do Clube das Desquitadas mais estranho e mais gay que já existiu, por terem me confiado suas histórias; e a Margaret, por ter juntado todas as peças.

E, é claro, o maior "obrigada" de todos vai para minha esposa, Val — meu *plot twist*, meu destino, meu final de conto de fadas —, que me desafia, me anima e permite que eu divulgue detalhes da nossa vida por aí. Eu faria tudo de novo, meu amor. Porque me trouxe você.

ESTA OBRA FOI COMPOSTA PELA SPRESS EM MINION E IMPRESSA EM OFSETE
PELA GRÁFICA PAYM SOBRE PAPEL PÓLEN SOFT DA SUZANO S.A.
PARA EDITORA SCHWARCZ EM ABRIL DE 2021

A marca FSC® é a garantia de que a madeira utilizada na fabricação do papel deste livro provém de florestas que foram gerenciadas de maneira ambientalmente correta, socialmente justa e economicamente viável, além de outras fontes de origem controlada.